玩的就是

心计

辉浩
编著

郑州大学出版社

图书在版编目（CIP）数据

玩的就是"心计"：商场、职场无往不胜的智慧宝典/辉浩编著.—郑州：郑州大学出版社，2016.7（2023.9 重印）

ISBN 978 - 7 - 5645 - 3206 - 2

Ⅰ.①玩… Ⅱ.①辉… Ⅲ.①心理交往 - 通俗读物

Ⅳ.①C912.1 - 49

中国版本图书馆 CIP 数据核字（2016）第 157927 号

郑州大学出版社出版发行

郑州市大学路 40 号　　　　　　　邮政编码：450052

出版人：孙保营　　　　　　　　　发行电话：0371 - 66966070

全国新华书店经销

三河市鑫鑫科达彩色印刷包装有限公司

开本：640mm×920mm　　1/16

印张：12

字数：196 千字

版次：2016 年 10 月第 1 版　　　印次：2023 年 9 月第 5 次印刷

书号：ISBN 978 - 7 - 5645 - 3206 - 2　定价：34.80 元

本书如有印装质量问题，由本社负责调换

前　言

聪明之人之所以聪明，是因为他们比老实人多一点心计；成功的人之所以会成功，是因为他们肯花心思琢磨人和事。许多人碌碌无为，主要是因为他们一辈子都不肯在做人、处世方面研究竞争的策略、博弈的技巧、制胜的逻辑，结果成了"弱势群体"。

混社会必须谙熟"游戏规则"，善于揣摩别人的意图，急人之所急，掌握好分寸，从而才能在商场、职场游刃有余，不至于被淘汰出局。经验表明，做人没有心计，难免会被暗箭所伤；做事不懂心计，很难打开局面。如果做人不懂得机变，凡事直来直往，让人看透内心，那么就会受制于人，将无法赢得机遇的垂青。

显然，一个人做事的能力决定了其前途和命运。如果想达到预期目的，把事情处理得圆圆满满，除了以诚待人、以理服人、用心做人之外，还需要准确拿捏人的心思、判断眼前的情势。此外，有时候还要懂得借力，谋划一些方案，才能将棘手的问题处理好。所以，做人有心机，做事有心计，是很有必要的。

这是一个公平的社会，也是一个弱肉强食的世界，其中充斥着不同竞争策略的较量，甚至是尔虞我诈。林子大了，什么鸟都有；社会复杂了，什么人都有。学会在复杂多变的环境中保护自己，一定要在做人做事上留个心眼，才能不成为他人的棋子，不进入别人的圈套。

心计是一门做人的学问，一种生存的智慧。为人处世犹如行走江湖，真才实学固然必不可少，但是没有一定的智慧，很难在这个社会上立足。一个人不管有多聪明，多能干，家庭背景多么显赫，如果不懂得做人的奥妙，没有一点做人的"心计"，很难吃得开、混得好。在复杂的社会上混，你可以不去算计他人，但是要提防被别人伤害。所以，做人做事多长一个心眼，处事更能游刃有余。

在人们的眼里，老实人总是吃亏，沾不上好处，得不到他人的青睐，似乎就是"傻子"的代名词。其实不然，做人处世还是提倡老实做人、本分做事，这是底线。关键是，如何去做好一个老实人，如何去做一个受人欢迎的老实人。显然，你必须多动脑子，勤学苦练"混社会"的技巧。无疑，这需要运用心计的智慧。

与其临渊羡鱼，不如退而结网。任何道路都是靠自己走出来的，而不是靠自己在梦中等来的，而准确迈出第一步，是尤为重要的。这是因为，及时有效的行动可以将曲线调整为距离最短的直线，可以化零为整，从无到有。一个人，即使再聪明、再能干，进入社会就会发现，如果不具备一定的心计智慧，不懂得做人处世的各种规则，极容易四处碰壁，遭受不必要的挫折和磨难。古今成大事者无不胸有城府、神机妙算、工于心计。心计既防止别人伤害自己，同时也能够增强自己的能力，为自己创造更多成功的机会。

如今，我们每个人都不是生活在原始社会，也不是生活在世外桃源，如果做事没有心计，会永远地痛失良机。因此可以说，"心计"是我们做事时先下手为强的胆略，是行动前深谋远虑的眼光，是让"人情"更具"杀伤力"的手段，是送礼送得人心花怒放的高明，是善借机会之力成就辉煌的气魄，是你走向成功之路的必然手段。

当然，"玩心计"不是让你使奸弄诈，也不是专门算计别人，而是利用智慧、头脑、口才等笼络人，借用外力成全自己。玩转心计，就是在人生舞台上左右逢源，事事如愿。所以，有心计并非处处与人作对，更不是刻意算计他人，而是秉承防人之心不可无的原则，明晰自己所处的大环境。实际上，人与人的相处之道从根本上说还是和谐共荣、互帮互助，而那些虚伪迎合、假心假意的人，最终会落得孤家寡人的下场。

一些刚刚踏入社会不久、涉世未深的年轻人，常常会被人利用而不自知。在现实生活中，这种情况并不少见。涉世未深的年轻人，要善于辨认忠奸，否则会被虚情假意所迷惑，在无意中被人利用。

俗话说："以其人之道，还治其人之身。"社会中总有些人不怀好意，总是想方设法让我们上当，以达到他们不可告人的目的。对待这种人，就要以眼还眼，以牙还牙，揭露出其险恶用心。

本书从心计的各个视角出发，以轻松睿智的笔触进行层层分析，是一本全面、实用、精致的个人处世能力提升读本，可以让你在人际交往、说话办事、商业谈判、职场经营等方面战无不胜，从被操纵者脱胎换骨成为一个能够掌控全局的人。

有"心计"的人，不仅逢场能做戏，而且也能把不该演的戏拒之门外。因此，顽固地排斥"心计"，说明你落伍了。别再做所谓的"老实人"了，它不过是藏在我们心中的魔鬼，迈不过这个坎，永远都无法在人际交往中更加应对自如。如果不想过永无出头的日子，如果不想因为老实而丢人现眼，那么，从现在开始就做一个有"心计"的人吧！

目 录

上篇　心计法则

上篇　**心计法则**

在做人处世的过程中，要读懂社会运转的规则，掌握利益交换的游戏套路，谙熟无所不在的人情世故……熟悉了各种规则和禁忌，才能成为一个做人做事游刃有余、处变不惊，占有一席之地，乃至闯出一番天地的成功人士。

第一章 做人不能太老实：再好的朋友也有可能出卖你

商界流行一句话：一流商人是精明加厚道，二流商人是精明加精明，三流商人是厚道加厚道。只懂得老实做人，往往被人利用了还不自知，这是迈向成功的禁忌。避开陷阱的有效方法就是既厚道做人，也谙熟人情世故，能够灵活应对形形色色的人与各种场面。

1. 达维多定律：别让规则束缚你的手脚

古往今来，历史上的一切变革都是对常规的突破，并且这种突破首先是从对思维常规的突破开始的。一个人可以遵守规则，但不能太老实、太迷信规则。如果过于迷信规则，认为凡是一定之规的东西都是对的，反之就毫无道理，仅这样就有可能陷入规则的牢笼，成为循规蹈矩、因循守旧的人。

许多时候，成功仅需要一点"不按常理出牌"。勇于打破规则，不但是普通人有所作为的金科玉律，也是英特尔公司的制胜法宝。

达维多定律是以英特尔公司副总裁达维多的名字命名的。英特尔公司在产品开发和推广上奉行达维多定律，他们始终是微处理器的开发者和倡导者。他们的产品不一定是性能最好的和速度最快的，但他们一定做到是最新的。为此，他们不惜淘汰自己的产品，哪怕是市场上卖得最好的。

达维多定律看上去容易，常人一看就懂，但运用起来就不那么容易了。达维多定律成功的真谛：打破规则，不断创造新产品，新思路，新思想。及时淘汰老产品，老思路，老思想。别让规则束缚你的手脚，创新、创新、再创新。创造出自己成功的产品，形成新的市场和产品标准，进而形成大规模生产，取得高额利润。

随着时代的不断发展，很多规则都需要改变，过去的很多常规都需打破，只有创新才能"救活"人们的异常思维和才智，从而激活自身的能量。

世上有许多人，他们什么条件都具备，就是做事太慎重了，做每件事之前都经过反复思虑，结果当他决定行动时，机会却已经溜走了。只有敢于冒险，敢于敏捷地捕捉机会的人，才能获得意想不到的成功。

渡边正雄是日本著名企业家，在不惑之年创业，一手打造出大都不动产公司，成为日本地产界的大佬。然而，有谁能够想到，渡边正雄创立公司之初，只有一家面积为43平方米的平房。所幸这位年近半百的中年人不服输，靠着心头那股霸气，以及独断专行的作风，干出了一番大事业。他打破常规，敢于冒险，做别人不敢做的生意，由此发了财。

一开始，有人向他推销土地——那须（城市名称）的几百万平方米的高原，价钱很便宜，每平方米只卖60日元。这么便宜的土地是有原因的，那里人迹罕至，交通状况极其落后，也没有电气等公共设施。

在此之前，房地产公司曾把这块山地向东京大大小小的不动产业者推销过，但谁也不感兴趣，认为在这里投资，将来的回报只能是零。但是，渡边正雄没有被常规的商业思维束缚，他独具慧眼，发现了这块土地蕴藏着的商机。

经过一番调研，渡边正雄发现，那须与天皇的御用地毗邻，如果能在那里居住，会让住户产生与天皇做邻居的感觉，会极大地满足人们的自尊心与虚荣心。此外，日本的城市人口越来越密集，大家都渴望回归大自然，搬迁到僻静优雅的环境中居住。这无疑让开发那须成为可能。

渡边正雄认准了机会，决定赌一把。他拿出全部资产，又大量举借外债，将这块土地购置下来。签约之后，许多同行都嘲笑他是个地地道道的"傻瓜"，但是后来的发展超出了所有人的预料。

买下这片土地后，渡边正雄请来有关专家，共同商讨土地规划建设事宜。

经过一番精心设计，他把土地划分为道路、公园、农园和建筑用地，并准备先盖 200 户别墅和大型的出租民房。而后续的工作很简单，那就是大量做广告，出售别墅和农园用地。

为了在市场上打出名头，渡边正雄加大了广告宣传，花费了很多心思。结果，公司的广告醒目、生动，充分展现出了那须山清、水秀、环境优雅等特点，满足了都市人群厌恶噪音和污染，向往大自然的心理需求。广告一出，订购者纷至沓来，争相订购，在一年的时间里就卖出了 4/5 的土地，大都不动产公司短时间内净收入 50 多亿日元。

直到此时，房地产同行们才恍然大悟，这些墨守成规、没有突破的生意人看走了眼，无不扼腕叹息，追悔莫及。

由此看来，做人不能永远板是板、眼是眼，循规蹈矩，老老实实，很多时候这样反而会局限我们的视野。不可否认，遵守规则固然很重要，但是一个人不应该成为规则的奴隶，不能让旧有的规则束缚手脚。以长远的眼光来看，过去的规则，有可能变成阻碍现在历史发展的绊脚石。这时候，如果再坚守下去，就是迂腐，就会被淘汰。

做人要有不一样的眼光，读懂这个世界背后运行的密码，找到打开成功大门的钥匙。当受到某种规则掣肘的时候，必须懂得变通之道，下决心打破规则，求得突破。而当眼前的某种趋势不明朗，陷入迷茫状态的时候，也必须看到未来的发展趋势。特别是当人们产生某种固定的看法，对某些事物形成一种偏见时，如果你能打破人们的成见，完成新的创新，那么，你将取得了不起的成就。

2. 做人要厚道，但要看对谁

世界上本没有坏人，但是对心怀叵测、用心不良的人，用一些心计是不违背道德和良知的。毕竟，不让这些小人屡屡得逞，我们才能避免伤害，保护自己。

在现实生活中面对越来越复杂的人际交往，需要你擦亮眼睛从实际出发，重新思考"做人要厚道"的全面性。在好与坏，是与非之间，对前者，当然要厚道，"投之以李，报之以桃"；对后者，并不是一味的厚道就能解决问题的，此时，即使再诚实的厚道也会显得苍白无力。所以，对人对事要量体裁衣——选择做厚道人时，也要看对象是谁。

很多时候，当你身处利益纷争、竞争激烈的环境中时，你只要做自己该做的就可以了，而不必为了所谓的厚道沾惹是非。俗话讲，兵不厌诈。做人绝不能太老实。遇到不厚道的人，就要用其人之道还治其人之身。

三国赤壁之战以后，刘备向东吴强借，占据了荆州等地。东吴大都督周瑜苦思冥想要讨回荆州，当时传来刘备的妻子去世的消息，周瑜听到这个消息后，想出了一个绝妙计谋：把孙权的妹妹孙尚香嫁给刘备，并让他来东吴娶亲；然后把刘备幽囚在狱中，用刘备的命来换取荆州。

于是，周瑜派吕范为媒人，到荆州说媒。没想到诸葛亮神机妙算，早就知道了这是周瑜的计谋，于是让刘备假装答应，并让赵子龙保护刘备。临行前，诸葛亮给了赵云三个锦囊，让他在关键时刻使用。

孙权的母亲见刘备一表人才，真心实意要把女儿许配与他。周瑜和孙权不想此事弄假成真，又不敢公开囚禁和杀害刘备。刘备劝说孙尚香去荆州，最后以江边祭祖为名，逃离了东吴。周瑜派兵追赶，却被孙尚香挡了回去。正当周瑜准备孤注一掷时，却见诸葛亮早在岸边等候，刘备、孙尚香等已登了船，往荆州去了。

周瑜再行追赶也无济于事了，只能看着刘备远去。刘备的兵望着急急追来的吴兵，大叫"周郎妙计安天下，赔了夫人又折兵"。周瑜自恃胜券在握，不想遇到了诸葛亮，才"偷鸡不成蚀把米"。

刘备向来以"仁"为宗旨，在被曹操几十万大军追赶的情况下，也要保护追随自己的老百姓，这是他仁术的体现。但是，对待周瑜的挑衅，刘备就不再忠厚相待了。在诸葛孔明的帮助下，前往江东娶到了孙尚香，破解了周瑜的陷阱，最后还作"周郎妙计安天下，赔了夫人又折兵"羞辱了周瑜，这对气量狭小的周瑜，简直就是穿心箭，其用心之狠，无以复加。

正如林子大了什么鸟都有。你厚道，别人却不一定厚道。你的厚道遇上别人的耍诈，是必定要吃亏的。所以，做人要厚道，也要分对谁。对于同样厚道的对象，用厚道与之打交道，当然能取得好的效果。但是，对于那些投机取巧甚至更加恶俗的人，就要讲求一定的心计和策略了。

"人不犯我，我不犯人；人若犯我，我必犯人。"无论什么时候，我们都要在心底保持着厚道，但是害人之心不可有，防人之心不可无。不能将自己的心全部暴露在别人面前，要保护好自己的秘密，不能什么时候都以真心待人，不然只会任人宰割。

第一，认清交往对象的真面目。我们要看透与我们交往的人的真面目，尽量多交老实、厚道的人，避开不厚道的人。远离是非是明哲保身的妙招。

第二，对付不厚道的人不能心慈手软。不厚道的人往往让我们吃尽苦头，而且还会在事后露出一副胜利甚至让人厌恶的得意嘴脸。为了避免这样的人继续为祸人间，我们完全可以"替天行道"。

3. 不怕冷遇，热脸要贴冷屁股

做人要懂得适应外部世界的变化和需要，不能灵活求变的人注定会败于僵化的思维，无法与他人建立密切关系，也就无法得到外界的帮助和支持。

世界就像一个镜像，镜像里的人越有面子，也就表明你越有面子。世界是一个轮回，你派出一艘船向东航行，最终它还是会回到你的港口。一个人不能太在乎自己的颜面，而不去考虑他人的心思。有时候，放低身价迎合对方，懂得圆滑的处世之道，你会得到更多惊喜。

遇事不妨脸皮厚一些，放下所谓的自尊，你会进入一个别有洞天的新境界。实际上，"面厚"包含了"心理健康""勇敢坚强""心胸开阔""智谋过人"等内容，是胜者的盾牌、避风的港湾，也是处置关系必备的一种能力。

王聪是一个刚刚毕业的大学生，毕业后海投简历，始终无单位录用。后来，父母托关系让王聪进了一家外贸公司，做业务员。但是他心高气傲，不愿意跟客户打交道，觉得对方太庸俗。自己受过高等教育，对客户笑脸相迎，阿谀奉承，王聪显然做不到。

不难想象，半年后王聪接到的单子屈指可数，而且还被同事孤立。这时候，同事提醒他要懂得放低姿态，学会送礼，但是王聪不愿意这么干。有人劝他去找主管试试，可是到了办公室却扑了个空，追到家里也没人，还被势利的保姆

"损"了几句。王聪顿时火起，却又觉得"好男不跟女斗"，只得裹着满腹懊恼回到家，发誓再也不去找主管，并且要提出辞职。

同事知晓后大惊："你为了所谓的面子，丢掉这样一份人人艳羡的工作，值得吗？"王聪苦笑道："我如果有你一半儿的能力，也不至于现在这个样子，看来我并不适合做这一行。"同事微微一笑："这话你说错了，刚入行的时候谁不是菜鸟？你要厚起脸皮，要有媳妇熬成婆的精神，你别看我这几年业绩不错，那也是辛苦得来的，咱们这行死要面子就没有票子。"

王聪哭丧着脸说："我何尝不知道这份工作很好，可是拿热脸贴人家的冷屁股，我做不到呀！"同事笑着说："在外边办事哪有这么容易的！我找人办事儿是一求、二求、三求，不行再四求、五求、六求。现在，我不但脸皮厚了，连头皮都变硬了！"

这番话深深触动了王聪，随后他积极行动起来，每天准点出现在主管的办公室前，周末准时在门口等着，每当主管一开门，一定笑脸相迎。终于有一天，主管将王聪叫到了办公室，二话不说直接将公司几位重要客户的资料拿出来，并让他跟这几个客户续约合同。

王聪喜不自胜，追问主管为什么把任务派给自己。主管只是说："只要你能拿出对我一半的耐心，你一定会成功的。"王聪按照主管的方法，收起了自己一文不值的"清高"，一连签了几个大单，跟公司客户的关系也熟络起来。新来的同事问其秘诀，王聪只说："不要守着面子，不要面子才有票子。"

中国人爱面子，人人皆知。但是，面子大多是给别人看的，颜面有光固然得意扬扬，能否打开局面、维护好自己的利益，才是取舍的关键。太要面子，而失去了做事的机会，并不划算。

人生在世，总有数不清的事情要做，办事就不可避免地要请人帮忙。但求人办事是门学问，脸皮薄了不行，放不下架子也不行。求人办事，不仅要有耐心，有过硬的心理素质，还要有无人能敌的厚脸皮。求人办事，最重要的就是调整好心态，不怕冷遇，热脸去贴冷屁股。

历史上，刘邦年轻时做过泗水亭长，与沛县县令是好朋友。有一次，刘邦到县令家客居，当地的豪杰官吏听说县令家来了贵客，都前往祝贺。按照规定，

"凡是贺礼不满一千钱的，都要坐在堂下"。刘邦身无分文，却空许"贺钱一万"，坐到了上席，旁若无人，神态自若。面对外界的不良刺激，一个人的脸皮越厚，对其心理的冲击和震荡就越小，自我肯定精神也就越强，这样才能以豪迈的气魄成大事。后来，刘邦能够力克群雄，智取天下，与他面厚的个性有很大关系。

做人太老实，脸皮薄，注定打不开局面，很难有所作为。而脸皮厚的人，遭遇冷嘲热讽也能泰然自若，不会恼羞成怒。这样的人，不容易与别人产生矛盾，所以他们处理关系的能力很强，人缘很好，得到他人帮助的机会也多。而那些脸皮薄的人，动不动就睚眦必报，甚至别人开玩笑，他也横眉冷对，怎么能有广泛的人脉网络呢？

因此，尝试着修炼自己的"面厚"之术吧，等到你不为小事斤斤计较、遇到任何挑衅都稳坐钓鱼台的时候，你就能有一番大作为了。

生活中，有人伤害了你的尊严、让你没面子时，务必要做到如下几点：

第一，尽量不怀疑他人别有用心。在许多场合，对方往往是脱口而出或是即兴联想的玩笑话，根本没想到会伤害你。不知者不为过，我们何必胡乱猜疑呢？

第二，不可反唇相讥。有人听不得半句"重话"，动辄连珠炮似的反讥，常因此挑起唇枪舌剑，使良好的关系破裂。不能为笑话失去一个朋友，甚至给人留下心胸狭窄的印象。

4. 不要被人卖了，还帮别人数钱

人性究竟是善还是恶，绝非三言两语能够说清楚。但是在现实生活中，与人打交道时的确要小心谨慎，对人不妨考虑一些防范对策，预防万一，否则待事情发展到糟糕程度时就为时晚矣。

人性的复杂提醒我们，"害人之心不可有，防人之心不可无"，多留意一下身边的人，在处事的过程中多长几个心眼，就可免遭伤害。做到这一点，你才能利用好自己编织的关系网走向成功，而不是自设陷阱，作茧自缚。

这个世界并不是只充满着温馨怡人的亲情和友情，还有许多时间和场合充满着伪情和欺骗。小人无处不在，稍不留神就容易被其伤害，因此，平时要多长几个心眼，当心别人藏在背后的刀子。

一位朋友单独旅行，在飞机上遇到一位投缘的乘客，两个人一起下机，提取行李，在通过海关之前，那新认识的朋友说："我的行李真是太多了，能不能麻烦您帮我带一小件。"单独旅行的那位朋友，心想自己的东西反正不多，就顺手接了过来。

随后，他被海关的人员以携带毒品走私的罪名逮捕了。他大声对着还在另一个关口接受检查的新认识的朋友喊叫，那人却说不认识他。他被架出了海关大厅，悲愤的呼喊声仍然从长廊尽头传来，大厅里的人都摇头，说："罪有应得的贩毒者，过去不知道已经带进多少毒品了！"

那飞机上认识的朋友也叹气："好险哪！我差点被栽了赃！"

在人际交往中，有许多人对你的态度很和顺，有说有笑，你甚至把他们当作了自己最亲近的人，把自己的所有情况，包括欢乐和悲伤，喜好和憎恶，都毫无保留地告诉了他们。其实，这些人并不是都对你抱以真心，他们中有些人所做的一切都是一个圈套。直到你被他们打得落花流水，地位全无，一直沉浸在畅想之中的你才会如梦初醒。

生活就是一个万花筒，透过筒孔，我们可以看到自己的身影，看到别人的形象，看到无处不在的机会和陷阱。人生如棋局，机会如棋子。所以我们不能光像卒子过河般亦步亦趋，还要让卒子各显神通；不但要发挥好每个棋子的潜能，还要做生活的有心人，唯有此，你才能处处取得先机，事事赢得胜算。你才能出手不凡，卓尔不群。

当你春风得意的时候，你一定要保持谦卑姿态，不要过于张扬，要和蔼，要知道，越是这个时候越是容易得罪人，在嫉妒心理的驱使下，一些小人情不自禁地会捅你刀子。当心来自背后的刀子，尤其需要注意以下几点。

第一，生活中，如果你偶然得知有人总是在不经意中向你所亲近的人打听一些有关你的消息，那么你最好疏远他们。

第二，有些人笑容看上去很不自然，像是从脸皮上挤出来的。有时你觉得丝毫都不可笑的地方，而对方却能够笑起来，这种人也要适当地多加小心。

第三，如果有些东西你觉得实在忍不住，不吐不快，那么你要尽量找一个自己亲近的人诉说一番，比如你的父母、妻子甚至孩子。这会缓解你心中的郁结，减少情绪上的大起大落，也会更安全。

第四，仔细地回想一下，当你有意无意地想结束倾诉的时候，对方是不是很巧妙地利用一些隐蔽性极强的问题重新打开你的话匣子呢？而且你随后所说的内容又恰恰是容易被别人利用的东西。

5. 可以不奸诈，但不可不"世故"

在这个世界上，若想活得滋润，活得风光，就必须有一些能使自己成才、成器或成事的路子，包括生存的路子，发财的路子，升官的路子或者成就某一番事业的路子。这些路子都不是仅靠自己单枪匹马的力量硬闯出来的，必须借助他人指引、引荐，支持或帮助才能找到方向，踏上征程。

生活在这样一个多姿多彩的社会中，每天都上演着不同的故事。有的人的生活风生水起，过得红红火火；有的人的生活平平淡淡，但也简单幸福；有的人生活得穷困潦倒，终日郁郁寡欢……生活落差极大的人们，有很多是拥有着相同的工作能力，是什么造就了两个人不同的生活，不同的命运？其实，答案是既简单又复杂的为人处世。

从某种意义上说，这些路子都是别人给的，或者说是别人帮助开拓的。那么，天下之大，人事之繁，别人为什么要单给你路子？为什么乐意帮你开拓路子？答曰：人情使然，有了人情也便有了路子，人情大路子宽。

钱钟书先生一生日子过得比较平和，但在困居上海孤岛写《围城》的时候，也窘迫过一阵。辞退保姆后，由夫人杨绛操持家务，所谓"卷袖围裙为口忙"。那时他的学术文稿没人出版，于是他写小说的动机里就多少掺进了挣钱养家的成分。一天500字精工细作，却又不是商业性的写作速度。恰巧这时黄佐临导演导演了杨绛的四幕喜剧《称心如意》和五幕喜剧《弄假成真》，并及时支付了酬金，才使钱家渡过了难关。

时隔多年，黄佐临导演之女黄蜀芹之所以独得钱钟书亲允，开拍电视连续剧《围城》，实因她怀揣一封老爸的亲笔信的缘故。钱钟书是个别人为他做了事他一辈子都记着的人。黄佐临40多年前的义助，钱钟书40多年后报还了。

这真是"多一个朋友多一条路"，没有40年前的人情，也就难有40年后的路子。相反，有一些人，不懂随乡入俗，不同别人讲交情、讲人情，导致做事时寸步难行。想想，世间还有多少比这大的事情，艰辛困难的时刻？因为不懂人情，小事都能落个孤单败落，更何况当我们遭遇困苦逆境时，又有几人肯伸出援助之手啊！

在中国，无论是从政、经商，还是做学问，如果没有关系，简直就寸步难行。人情与关系两位一体，它们是一个大制度里不可或缺的两个方面，拉关系就等于做人情，关系往来实际上就是人情往来。如果你不近情理，不懂得为人处世的基本道理，势必成为孤家寡人。

乔·吉拉德是美国汽车销售界的传奇人物，被称为"汽车销售大王"，他没有三头六臂，也没有强硬的后台支持，他的秘诀就是套近乎，开口三句话，就让你觉得他和你很熟悉，就像昨天刚刚一起喝过咖啡、聊过天似的。

"哎呀，老兄，好久不见，你躲到哪里去了？"假如你曾经和乔·吉拉德见过面，你一进入他的展区，就会看到他那迷人的、和蔼的笑容，他朝你热情地打着招呼，呼喊着你的名字，似乎你昨天刚刚来过，完全不介意你们也许已经好几个月没见面了。

他这样亲切，让本来只是想随便看看车子的你产生了一点局促不安："我只是随便转转，随便转转。"

"来看望我必须要买车吗？天啊，那我不就成了孤家寡人了？不管怎么样，能够见到你，我就感到很高兴！"

吉拉德几句话就让你的尴尬和局促消失得无影无踪，也许你会跟他到办公室坐坐，聊一会儿天，喝几杯茶，爽朗而不放肆地大笑一通。当你起身告别的时候，你的心里会产生一种恋恋不舍的感觉，这个时候，你的购买欲望会变得更加强烈，原本的购置计划也许会提前落实。

对于陌生的顾客，吉拉德也有自己的一套办法。一天，一个建筑工人来到了他的展位，吉拉德与他打完招呼，并没有着急介绍自己的商品，而是和工人谈起了建筑工作。

吉拉德一连问了好几个关于施工队的问题，每个问题都是围绕这位建筑工人设计的，比如"您在工地上具体做什么工作？""您是否参与过建造附近的哪个小区？"等，几个问题下来，他和这位建筑工人成了无话不谈的好朋友，建筑工人不但非常信赖地把挑选汽车的任务交给了他，而且还介绍他和自己的同事们认识，使吉拉德获得了更多的商机。

为人处世是所有人都需要学习的一门功课，有的人学得好，并且在生活中学以致用，那么他们的事业必定顺风顺水，平步青云。或许你觉得这话太过武断，但是你可以看看那些成功人士，他们绝大多数都能很好地处理周围的人际关系，并且其魅力又吸引了更多的人在他的周围聚集。

或许你觉得他们都太"世故"，自己不屑于与他们为伍，坚持自己的敢想敢说，全然不顾他人的感受，可是在你这样做的同时，你有没有注意观察过周围，是不是很多人都或多或少地与你拉开了一些距离？

古往今来，拉关系套近乎都是社会交往的重要手段之一。一个人想在社会上有所作为，必须懂得基本的人情世故，别让人感受到你无情的一面。身边不乏一些"独行侠"，他们经常说："我不需要别人的帮助！""我自己能行！""我不喜欢和人交往！"最终，这样的人在历经些事情之后，将品尝到不懂得拉关系的苦果。

让你为人处世"世故"一点，并不是要你去溜须拍马、阿谀奉承，也不是让你去耍一些阴谋诡计，来达到自己的目的，只是让你采取正当的方法，改变那种横冲直撞的说话办事风格，这只是一种为人处世的人生智慧。这种智慧可以让你在人际交往中游刃有余，在面对困难时沉着应对。一旦你成功做到了这点，你必然会成为人生的大赢家。

6. 立即放弃做"好人"的想法

什么是好？什么是坏？好坏有标准吗？同样一件事，有人说是好事，有人说是坏事。同样一个人，有人说是好人，有人说是坏人。金无足赤，人无完人。好坏共处一体，没有截然界限。

好坏没标准，只存在于利益之中。物以类聚，人以群分，利益第一。我们不必纠结于某件事是"好"还是"坏"，我们要做个"好人"还是"坏人"，如果你触犯了别人的利益，那么不管你做的事情有多好，在人家眼里都是个坏人。因为对方站在他的立场，你站在自己的立场。所以，不论我们是别人眼中的好人也好，坏人也好，但是一定不能做别人眼中的"烂好人"。

所谓"烂好人"就是没有原则、没有主见、不能坚持的"好人"。这种人不知是性格因素还是有意以"好"去讨别人的欢喜，反正是有求必应，也不管该不该，有时也想坚持，可是别人声音一大，马上就软化了。因为缺乏原则与坚持，导致是非难分，当事情不能解决的时候，便"牺牲"自己来"成全"大家。有时也想"坏"一点，可是离"坏"还有一大段距离时，自己就开始自责，检讨自己这样做是不是不应该。

马东心怀大志，在商场中摸爬滚打几年之后，带着丰厚的资金准备自己创业。功夫不负有心人，在几年的拼搏之后终于让自己承包的公司走上了正轨。公司的营业额连年攀升，规模也渐渐壮大。

生活不是一潭死水，往往会有波浪，某天马东准备下班回家时接到了一个电话。打电话的是曾经的上司，当年还是多亏了这位上司的提拔与看重他才能有今天的成就，说起来这位上司还是马东的恩人。电话的内容很简单，无非是想要叙叙旧，唠唠家常。马东没有多想，爽快地答应了下来，毕竟对方曾经有恩于自己，还是自己创业路上的领路人。

马东和对方约好了时间、地点，第二天便欣然赴约。当马东赶到约定好的咖啡馆时，发现上司的旁边还坐着一个中年人，原本以为只是单纯地叙叙旧，没想到竟然还有外人参与进来。

见到马东，老上司没有拐弯抹角而是直截了当地说："马东啊，这个是老陈，我也就不多说什么废话了，前阵子你不是说你们公司还缺个人手吗？今天我把老陈带来了，他可是这方面的老手啊，经验十分丰富。我把这么优秀的人带给你，你可不要拒绝我啊，你们回头不妨好好聊聊。"

面对老上司这突如其来的一招，马东有点懵，如果在以前他肯定会立刻答应下来，但是现在公司的人员都已经齐全了，不再需要多余的人手，只是碍于上司的面子，自己不好拒绝，只能勉强答应对方来公司面试。

　　从公司的整体运营角度考虑，马东的公司人员已经饱和。但是，马东又碍于情面不敢和老上司说出实情，如果拒绝的话自己岂不是不仁不义，甚至会被人看成是知恩不报的小人。再三权衡之下，马东把这位中年人安排到公司的技术测试岗位上。可是过了没几天，马东便发现这个人根本就不是什么经验丰富的优秀人才，而是一个十足的庸才。

　　马东此时心里早已起了波澜，如果辞退对方，显然没法向老上司交代。可是，如果继续把他留在岗位上，不仅仅是白送一份薪水的问题，更重要的是对公司的长远发展十分不利。马东为此苦恼万分，茶饭不思。

　　后来，这个中年人在工作中犯了错，马东借机果断解雇了对方。此时他才明白，与其到最后成为"恶人"，还不如一开始就学会说"不"，学会抛开做好人的想法。

　　生活中我们总是希望能面面俱到，做一个人人都称赞的"好人"，让大家都满意。往往为了做一个完美的"好人"我们失去了不少东西。有时候我们为了达到目标，就必须要放弃自己做"好人"的想法，有失才有得。

　　无论是在职场还是在商场中，失败者总是让人瞧不起，失败者之所以失败往往有其深层次的原因，要么是技不如人，要么就是自甘堕落。既然如此，为什么还要不好意思呢？社会资源毕竟是有限的，要想成为出类拔萃的人上人，就必须占有更多的社会资源。而如果在竞争中太在意别人，太顾及自己的面子，不愿意和别人竞争，就势必失去大好的机会。

　　其实很多时候，我们都被自身的"好脾气"所阻碍，因为担心失败，所以在做事情时处处忍让，想让对方满意，最终使自己缩手缩脚。当我们仔细反思，就会发现，害怕失败并不能避免失败，只有勇敢面对，表现出真实的自己，这样才有可能成功。

第二章　做事要有心眼：聪明人之所以精明，是因为比别人多点心计

做事没有心计，就会四处碰壁，孤立无援；做事不懂谋划，就会稀里糊涂，陷入绝境。缺乏做事的智慧与手腕，你的一生注定碌碌无为，平庸之极。所谓"心计"，并不是让你在做事的过程中为达目的而使用不正当的手段，而是让你学会如何把事办得好，办得周全。

1. 宁可得罪十个君子，也别得罪一个小人

在人生的舞台上，时刻都有小人存在。他们人格卑鄙，损人利己，动辄溜须拍马、挑拨离间、造谣生事、结仇记恨、落井下石。

从古至今有不少帝王将相也都栽在小人的手里。这种事从来都不知道上哪儿去说理真刀，真枪地干，无论失败还是成功，都是明明白白的，可是暗箭就说不清楚了，来自什么方位，谁射的，你可能永远都不知道，就是林肯、拉宾们也不能幸免。

余秋雨先生在一篇散文中也曾提到"小人"的问题，他的意思是，英雄们在临终的时候，觉得最为痛恨的人不是自己的劲敌，他们往往从牙缝里挤出两个字：小人。

看来，"小人"不小，他们的能量大着呢！他们可以做汉奸、叛徒，他们可能做出种种可怜的样子，以博得你的帮助，当你失去利用价值的时候，他们就

可能反过来咬你一口。蚂蟥的可怕之处就在于它以不经意的亲热方式去吸食人血，小人比蚂蟥还可怕。

现实生活中，"小人"做事不守正道，往往以邪恶的手段来达到目的，所以不要嫉"小人"如仇，不要与他们斗气，否则麻烦就大了。

公元前 210 年的冬天，秦始皇在巡行天下的路上得了病，自觉将不久于人世，于是让赵高代为起草遗嘱给远在塞外御敌的公子扶苏，意欲立扶苏为皇位继承人。

不过，遗嘱刚刚立好，还没传送出去，秦始皇就死掉了。当时，消息被封锁，只有胡亥、赵高及受宠的宦官等五六个人知道皇上已不在人世。秦始皇一死，赵高便与胡亥密谋，准备假借皇帝的命令，杀掉扶苏，立胡亥为太子。为了确保成功，赵高就去找李斯帮忙。

为了保全相位，李斯倒向了胡亥，伪造秦始皇的遗诏，立少子胡亥为太子，并赐扶苏死罪。赵高由于政变有功，深受胡亥宠幸，并逐渐掌握了朝廷大权，而李斯则仅保住了他的丞相职位。

赵高乃一地道的小人，他依仗胡亥，为所欲为，干尽了坏事。但同时他又忌惮李斯的谏言，便设计除掉了李斯这个掌握自己把柄的人。

这个社会很多时候是小人得志，小人有着很高的社交手段。他们愿意牺牲自己的尊严，自己的骄傲去换取利益，他们会用阿谀奉承的方式讨得别人欢心，再用诬陷诋毁的手段对阻碍自己的人打击报复。君子不屑为之的事情，小人却甘之如饴。得罪君子，他们至多是不再与你来往，不会想着去害你。而得罪小人，他会想方设法让你过得不顺心。

仇视小人固然足以显出你的正义，但在人性丛林里，这并不是保身之道，反而凸显了你的正义不切实际，因为你的正义公然暴露了这些小人的无耻、不义。再坏的人也不愿意被人批评"很坏"，总要披一件伪善的外衣，这是人性，而你特意凸显的正义，却照出了小人的原形，这不是故意和他们过不去吗？

总之，若能当面应付过去，不妨就糊涂一把，您是否在暗暗告诫自己：不到万不得已，小人是千万不要犯的！哪些人可能成为小人呢？以下几种人，我们不要轻易去招惹，他们很可能就是你身边的一颗颗定时炸弹。

第一，嫉妒心强的人。也许这种人很有能力，但是他们眼里揉不得一点沙子，任何可能超过他的人对他来说都是威胁。当我们看到那些见到别人取得成就就会不开心的人，最好敬而远之。

第二，喜欢拉帮结伙的人。这种人只认圈子，不问是非，如果你选择与他们的圈子相隔，拒绝和他们为伍，他们的态度就会瞬间变成处处针对你。你的正常举动，都会被认为是对他们的敌对，他们自然也就会为了圈子的利益而想尽办法除掉你。

第三，爱奉承的人。这种人往往没有什么真才实学，一般都是靠自己的三寸不烂之舌，来给自己谋求利益。如果这种人发现你的才能可能会超过他，他就会有危机感，自然会对你采取行动。而且行动的方式往往是利用自己的奉承来借助身居高位者打击你。

第四，不孝顺的人。不论他怎么认真努力工作，有上进心，但是他对待自己的父母，对待自己的家人却很恶劣，此人必定是小人无疑。试想，如果一个人连自己的至亲都不关心，那么他平时的热情一定不那么单纯，这种人必须远离。

2. 不去处处迁就别人，否则只能哑巴吃黄连

与人为善，是交往的重要原则之一，也是建立良好关系的基础。但是，一个人不能过于迁就他人，乃至失去了自我，否则害人害己。只知道听命别人的人，认为别人说的都是对的，工作办事没有自己的方法，缺少自己的原则，这样的人只能当别人的影子，一辈子也没有出头之日。

著名心理学家奥威尔说："怯懦来源于深深的不自信。"在与人相处中，因为害怕不顺着对方对方会生气，所以就处处迁就。但是一片真心不一定得到相应的预期回报，反而有可能使自己陷入尴尬境地，最终失去自我。

没有自我的人容易走弯路，不仅浪费时间，更会犯错误。生活中，你是否也是没有原则的人呢？当别人在你的伤口上撒盐的时候，开着伤害你自尊的玩笑时，你不吭一声，只是尴尬地笑着，甚至还主动迎合对方。你不敢发火，害怕别人说你开不起玩笑，所以你只能一味地迁就对方，容忍对方对你造成的伤

害。迁就，这简简单单的两个字让你头疼不已。

郭涛进入销售部门的时候恰逢公司发展的大好时机，他从街头推销一点一滴做起，先后担任过销售助理、销售经理等职务。凭借良好的业绩，郭涛获得了不菲的收入，个人发展前景也一片光明。

然而，噩耗来了，老板因突发心脏病去世了。紧要关头，老板的儿子被推到了新的领导位置。年轻的当家人毕竟资历尚浅，不仅放弃了父亲的发展计划，而且没有重用郭涛等一批忠心耿耿的元老人物。

这一天，郭涛被年轻的老板约去谈话，老板以莫须有的名义把他安排在一个无关紧要的行政职位上。令众人不解的是，另一位同事却被派到美国发展，开拓国际市场，这个人的资历难以跟郭涛相比，唯一的优势就是他比郭涛年轻。原来，老板的儿子决定改变经营策略，把老人换成新人，给公司注入新鲜的血液。可是有些人不满意这种安排，据理力争，最后因有想法、干劲十足仍旧被委以重任，而郭涛却因过于听话而被安排到了稳定的闲职上。

其他同事都替郭涛感到惋惜，认为他原本仍然可以施展雄心抱负，可就是因为总顺着小老板的意思，所以才被欺负到一无是处的闲职上。郭涛不懂得靠有效途径去维护自己的权益，不善于据理力争，展示自己的抱负。结果，老板认为他江郎才尽，才会选择沉默，郭涛被老板误以为缺乏进取心，失去了大好前程。

无论是面对工作问题，还是感情问题，都要有自己的主张和见解。由于分工和能力的不同，就必然有领导者与被领导者之分。但是不管干什么，都应该有自己的主张和原则，保持住自己的立场不放，不能没有一点主见，没有自我的人无法成事。

迁就别人有时看起来是和善之举，但实际却并非如此，在别人的眼中这都是懦弱的表现。软弱到一定的程度，就会失去自信，而没有自信的人只能匍匐在别人的脚下办事，一生都难以有所成就。办事没有原则就只能迁就他人，这样的人极易被外界所诱惑。

有时候，迁就的深层次原因是因为性格上的自卑，觉得自己处处不如对方，看别人脸色行事，觉得对方一定是对的，自己一定是错的。其实，这样大可不必，由于自卑和怯懦使我们对那些高傲的人仰慕不已。然而，一旦我们恢复了自信，勇敢地面对问题，面对困难，我们就会发现自己和伟人之间的差别并非不可逾越。

顺着别人就能得到更多的赞许和尊重吗？答案是否定的，开始的时候，别人还会为你帮助他而感动不已，但同时他心里也会形成一种潜意识：这个人是个"老好人"，从来都不会拒绝别人。于是，当另一个人有事需要别人帮助的时候，他也会告诉那个人说你比较乐于助人，有什么事找你就行了。这样一来，你就为自己找了很多不必要的麻烦。

请牢记，你不可能取悦所有的人。如果别人仅仅因为你的迁就而喜欢你，你又有什么价值可言？凡事都有底线，在别人触犯你的底线时就应当收起你的迁就，维护自己生存的权利。所以，做什么事情都要有一个度，不能过度，否则就没有原则，缺少原则，便不会得到好的结局。

3. 有时候不得不说违心话，做违心事

台湾作家罗兰说："我们几乎很难找到一个人能够成天只做自己喜欢做的事，过他自己所想过的生活。"许多时候，我们在做着自己并不想做的事，说着自己并不想说的话，甚至还很认真。因为慑于压力、屈于礼仪、局于制度、限于条件，你不得不做一些违心的事，在委屈自己的同时成全别人。

人都想自由自在，都想随心所欲，但是世界从来不是看你的脸色行事的，相反，我们每个人都在被动地做一些自己不想做的事。因为，我们不仅考虑自身还考虑环境，不仅考虑现在还考虑未来，不仅追求实现自我还追求安全、友爱和形象。奉献出自己的一部分心愿换取平静、换取尊严、换取良好的环境还是十分必要的，尽管你对这种自我背弃并不很乐意。

说违心话，做违心事，是在特定形势下的权宜之计，也是新时代的交际礼仪。做人太老实，总是一板一眼的，很容易碰壁、被排挤、被抢了头功，等等。所谓兵不厌诈，讲求一种说话和做事的策略，就要懂得人情世故，说说违心话，做做违心事，利己利人。

春秋年间，越王勾践被吴王夫差打败，困守在会稽山上。后来，勾践主动

19

跟夫差讲和，但是被要求到吴国当仆役，勾践被迫答应了。

勾践在吴国忍辱负重。每次夫差外出，他都亲自牵马，甚至遭到责骂也不在乎，始终表现出一副驯服的模样。其实，勾践只是表面上卑躬屈膝，内心深处却思考着如何东山再起。后来，他骗取了夫差的信任，回到了越国。

为了报会稽之耻，勾践吃不好饭，睡不好觉，甚至不近美色、不看歌舞。他苦心劳力，爱抚群臣，教养百姓，赢得了人心。为了锻炼自己的斗志，勾践预备了一个苦胆，随时尝一尝苦味，不忘所受之辱。

显然，勾践认识到吴国实力强大，单靠武力越国是难以取胜的。大夫文种献上一计："高飞之鸟，死于美食，深泉之鱼，死于芳饵。要想复国雪耻，应投其所好，衰其斗志，方可置夫差于死地。"就这样，勾践把挑选的两名绝代佳人——西施和郑旦，送给夫差，并年年向吴王进献宝贝。夫差天真地认为勾践已经彻底臣服于自己，对他放松了警惕，逐渐沉沦。

经过多年忍耐和苦心经营，勾践终于具备了对抗吴国的实力。后来双方在五湖决战，吴军大败，夫差被活捉。第二年，勾践称霸诸侯。

古人说："小不忍，则乱大谋。"正是勾践的能屈能伸挽救了自己和国家。一时的违心成就了一世的英明和霸业，这也正是越王勾践胜利的秘诀。而吴王夫差就输在不懂得这种智慧，不能看破。

同样是说话办事，做起来的差别往往很大，结果也大相径庭。问题出在哪里呢？主要是当事人能不能站在对方的立场上，把话说得好听一些，让对方乐于接受，那么接下来的事情就好办了。能够屈就他人，说一些不情愿的话，做一些不情愿的事，这是做事的耐心，更是成事的智慧。

如果你在交际中没有妥协、忍让和迁就的准备，那就会处于四面楚歌之中，纵使有三头六臂，也将牵制得你疲惫不堪而无法前进。这个世界上，我们不仅要自己高兴，同时也要大伙高兴，世界如果因为你的服从和委曲求全而有了风光，也不会少了你的那一份。

人们通常把违心说话、违心做事，看成是一种世故、一种懦弱、一种人格破损。其实，这是很不公正的。许多时候，它可以是智慧，也可以是一种善良、一种献身。虽然妥协、迁就都有"不得不"的那种心态，但仍不失为人际间的

"润滑剂"，风光的推动力。

为了群体和未来我们都有过献身和忍受；为了达成目标方向一致的合作我们都不应以自己为中心；为了避开更大损失我们都难免委曲求全；为了争取人心甚至我们都有过"这样想却去那样做"的经历，都曾扮演过"两面派"。为了融洽和顺利，适度违心应当被允许。

4. 行事果断，做一个拒绝"不好意思"的人

人和动物不同，会产生"不好意思"这种心理。之所以会如此，除了本身性格因素之外，礼教的束缚及文化的熏陶也是重要的原因，所以有些人动不动就"啊，不好意思"。这种"不好意思"的特质有时很可爱，有益人际关系，但也是相对的，有时它也会让人失去很多该有的权益和机会，因此，"不好意思"的性格特质有必要加以调整。

"不好意思"在现代社会中是一种所谓的礼貌语言，在日常生活中"不好意思"的事还真不少。但如果你处处都"不好意思"，恐怕就麻烦了。

面子像是一个无形的玻璃罩子，让人心里有苦却难以说出。为了不让别人看扁自己，我们从来都不敢放下面子，说出自己的难处和不堪，时常不知道拒绝别人，该说的话不敢说，往往是哑巴吃黄连有苦说不出，把打碎了的牙默默地咽进肚子里。

李东在北京工作，小日子过得还算可以，有一份体面的工作。手上有了积蓄，他在公司附近买了一套单身公寓，交完首付，身上只剩1000块钱了，距离发工资还有半个多月的时间。李东想着如果自己仔细规划着花，是没问题的。

这天晚上，李东接到姑妈的电话，说要一个人来北京旅行。挂断电话，李东想着姑妈来看自己，怎么能不尽地主之谊呢，可是这样一来自己仅有的生活费就难以继续维持接下来的生活了。

第二天，李东一下班就赶往机场迎接姑妈。简短寒暄之后，他提出一起吃饭，姑妈没有推脱，爽快地答应了。本来，李东想着带姑妈去吃北京烤鸭，既能体现出北京的特色，自己也负担得起。没想到，姑妈竟然提议要去一家法国餐厅吃饭，这让李东面露难色。但是，看着一脸期待的姑妈，他实在是不好意

思拒绝。

来到餐厅，李东让姑妈点菜，并说"随便点"，不要在意钱。但是话一出口，李东就后悔了，自知没有底气，脸上露出了忧心忡忡的表情。姑妈看了看菜单，点了一份法式鸡肉，而李东则随便点了一份最便宜的。此时，他总算松了一口气。

服务员记下点单的内容后，又很殷勤地推荐本店的特色菜——鹅肝酱。在服务员绘声绘色地介绍下，姑妈表现出异常的好奇，并表示一定要尝一尝。对此，李东又怎么好意思说"不"呢，只好不情愿地点了点头。

进餐的过程中，李东兴奋异常，不断讲述自己这几年在北京的奋斗历程。姑妈听着，啧啧称赞。饭后，姑妈又点了甜点和咖啡，这让李东的心如割肉一般地疼。结账的时候，李东更是死要面子活受罪，一边说着让自己付款，一边拿出自己可怜的钱包，但是他的动作显得异常缓慢。

姑妈看到这种情况，耐心地说："傻孩子，你怎么非要争这个面子呢？我知道你买了房，现在手头没有钱，但是怎么不知道拒绝我的要求呢？你这不是死要面子活受罪吗。"说完，姑妈替李东结了账。

中国自古就是一个礼仪之邦，中国人深受礼教的束缚及文化的熏陶，与人相处讲究的是谦逊有礼。在这种大文化背景下，人们在社会交往的过程中，往往会把"不好意思"挂在嘴边，殊不知过度的谦逊就是虚伪，有时候太多的"不好意思"反而可能会给对方留下矫揉造作、不真诚的印象。

很多时候，碍于面子的问题，我们时常被人情所拖累，而结果还往往是吃力不讨好。虽然给人留下了好脾气、好说话的印象，但是这样做值吗？诚然，我们都不希望别人看扁自己，都希望在别人眼中能展示一个最风光无限的自我，但是打肿脸充胖子固然很光彩，但其中的苦涩却是巨大而且无法对外人言的。

总之，要面子无可厚非，我们都不想活得邋邋暗淡，但是死要面子活受罪就不可取了。凡事要量力而行，对自己能力之外的事情我们要坚决拒绝，绝不能委屈地接受而让自己承受苦果。要想有面子就决不能不好意思，凡事给自己留条后路，让自己有周旋的余地。

5. 要比别人聪明，但不要告诉别人你更聪明

聪明是一笔财富，关键在于怎么使用。真正聪明的人会使用自己的聪明，那主要是深藏不露，不到火候不要轻易使用，一定要貌似浑厚，让人家不眼红。

苏轼曾赋诗云："人皆养子望聪明，我被聪明误一生。惟愿孩儿愚且鲁，无灾无难到公卿。"话虽有些戏谑，却是由衷的人生感悟，其间包含的是一种大智慧。所以古人说"巧诈莫若拙诚"，小聪明里常常埋藏大祸患，不如做老实人，干老实事，有时看似走得慢些，但却能走得长远。

爱耍小聪明的人，他们自以为掌握了一点本事，就生怕别人不知道，无论在什么人面前都想"露两手"。总想表现自己，对一切都满不在乎，头脑膨胀，忘乎所以。这恰恰是招灾引祸的根源。无论是从政，还是经商，是做学问，还是治家务农，都要杜绝这一点。

美国南北战争时期，有一位名叫高尔顿的将军，很有军事才干，可是他毫无城府，爱放大炮，不但使上司颇为难堪，自己也失去了不少人缘，被同事们称为"军队内部的战争贩子"。

有一年，高尔顿到斯科菲尔德军营观看演习，他对这次演习非常不满，就直接向指挥官递交了一份措辞激烈的意见书。他的这种做法是纪律所不允许的，因为他只是一名少将，无权指责一名中将指挥官。这样一来，他便招致了上司怨恨并与之结了梁子。

这一次高尔顿并未吸取教训。第二年，在观看了一场战术演习后，他又一次递交意见书指责指挥官和其他人员训练无素，准备不足，没有达到预定的目的。虽然这次他很明智地请副官代替自己签了名，但其他军官心里很清楚，知道这又是他搞的鬼，所以联合起来一起声讨他。

众怒难犯，司令官没有办法，只好把这位爱放大炮的高尔顿从少将的位置上撤了下来。就这样，本来很有前途的一位军事才俊断送了自己的美好前程。

待人处世，切记不要把别人都看成是一无所知的。其实，我们周围的人和你一样，都各有主张。多数人都不喜欢采纳别人尤其是下属的主张，因为这往往会被认为有失身份，有损体面。如果我们把同事都看成是庸才，只有自己有

真知灼见，于是在一个团体内，多发主张，结果被采纳的百分比恐怕是最低的，而且很可能是最先被淘汰出局的人。

人人都有攀比心理，关键是不要凸显自己高人一等的聪明，只有把光彩让给别人，才能换来别人对你的认同、支持和帮助。一舍一得，选择并不难。比如，你的同事帮助你出点子、献策略，你如果不能立刻表示赞成，起码也要表示可以考虑考虑。这时候，千万不要提出反驳意见。

《庄子·杂篇》中有一则寓言：吴王乘船渡过长江，登上一座猴山。猴子们看见国王率领大队人马上山来了，都惊叫着逃进丛林，躲藏在树丛茂密的地方。有一只猴子却从容自得，抓耳挠腮，在吴王面前蹿上跳下，故意卖弄技巧。

吴王很讨厌这只猴子的轻浮，便张弓搭箭，向它射去。这只猴子存心要显露本事，因此，当吴王的箭射来时它就敏捷地跃起身，一把抓住飞箭。吴王转过身去，示意随从们一齐放箭，箭如雨下，不可躲闪，那猴子终于被乱箭射死。

看来，过分发挥自己的聪明，必将招致祸患。中国人的聪明是举世公认的，但总有一些人把这份聪明不恰当地用在不该用的地方，求得眼前的、一时的利益，结果往往是收小利而获大患，所谓得不偿失。

自古以来，凡是成功者很少有因外界的事物而亦喜亦忧的。当然，人有时会高兴，有时候不免忧愁，但千万不要被情绪所左右。因为将一切都表现在表面上，更会促使情绪强烈化，如把愤恨表现在脸上，恨也会加倍。因此，特别是在待人处事时，更要做到喜怒不形于色。同理，聪明的人不过分表现自己的精明，才是明智之举。

6. 李敖真理：千万不要挡着别人的财路

有一次，杨澜采访李敖，询问他为什么喜欢骂人，并且骂得很凶。李敖顾左右而言他，神秘地说："你知道为什么我骂人骂了那么多年，骂得那么狠，但是没有人来害我吗？"杨澜问："为什么？"李敖回答："因为我没有断过别人的财路。"

这个世界上，大部分人都在为了混口饭吃而奔波，朝着赚钱的方向去。从某种程度上说，你断了对方的财路，就是在砸对方的饭碗，无异于与人为敌，为自己留下了祸根。所以，做事的时候万万不可挡着别人吃饭的路子。

说得再简单一点，挡人财路，无疑是把自己推上了别人的对立面，成了别人的敌人，是最不上道、最惹人嫌的行为。如果被别人逮着了机会，那么挡人财路者必定要经历一场麻烦和磨难。

甲在开发一个新项目，恰巧乙的厂子也在做。由于技术力量雄厚，乙的项目比甲早一个月上市。

本来，与乙上马同一个项目，就让甲感到很窝火，没想到对方还抢了先机。想到这里，甲更是气上加气，于是匿名向质检部写了一封检举信，举报乙的产品有质量问题。

结果，上面派人检查，弄得乙的工厂停产一个月，损失惨重。没有不透风的墙，乙很快知道是甲从中作梗，于是花重金买到了甲工厂的独家资料，发现其中的质量问题后，毅然把对方告到了检察院。

正当甲为挡了乙的财路而沾沾自喜时，没想到自己也接到了检察院的传票。经过检测，甲最终因产品不合格而不得不停产。这真是搬起石头砸自己的脚，甲赔了夫人又折兵，挡人财路最终害人害己。

不与人为敌，是做人做事的基本原则。挡人财路无非就是阻挡别人赚钱、获取利益的机会。有句话叫"夺人道路人还夺"。在人际交往中，最好不要挡着别人的财路。挡人财路，别人就要挡你财路，夺你财路。这种两败俱伤的事，不是智者所为的。

挡人财路的原因和手段有很多，但后果却只有一个，就是会引起对方的怀恨。有的会立即做出反扑的动作，有的则"君子报仇，十年不晚"，可能先和你有嫌隙，遇到恰当的时机，报复恐怕在所难免。

在我们身边，有的人似乎有红眼病，就是见不得别人好。如果别人不如自己，却发了大财，就更觉得心里不平衡，甚至产生挡人财路的想法。这种心理实在要不得。那么，如何成为明智的人，不挡着他人财路呢？

第一，低调做人，高调做事。俗话说"树大招风"，不可否认，每个人都有自己的优势和劣势，都可能成为众人眼里的明星，吸引大众的眼球。尤其做商人，一定要明白"树大招风"及张弛有致的道理。商人过于张扬，很容易引起其他商人的妒忌和厌恶，这样做的损失远远大于收益。

第二，凡事做到"留一步，让三分"。这是一种谨慎的处世方法，适当的谦让和退一步不仅不会招致危险，反而是寻求安宁的有效方式。除了原则问题必须坚持，对于小事，尤其是涉及他人而不关乎自己的利益时，更要懂得"退"即是"进"，"予"就是"得"的智慧。

第三章　生存要懂博弈论：在反洗脑与
反操控的心理博弈中获胜

最能反映一个人才华的东西，是他的智商；最能反映一个人生存本领的东西，是他的博弈技能，也就是面对各种局面权衡利弊、正确决策、高效执行的能力。如何不被别人牵着鼻子走，如何摆脱眼前的困局，如何在竞争中获胜，考验着一个人的博弈智慧。

1. 懂得适时进退，方能保全自己

在竞争激烈的环境中，人人都渴望成功，希望出人头地。这种进取向上的精神本来很可贵。所以拥有这种精神并努力奋斗的人大都能取得非凡成就。但关键是把握好进退时机，才能立于不败之地。

知名美国黑人演员塞缪尔说："会生活的人，从不一味地争强好胜，咄咄逼人，而是在必要的时候宁肯后退一步，做出必要的自我牺牲。"人生的艺术，在于进退适时，取舍得当。

苏轼饮叹"高处不胜寒"。古人还说，"盛名之下，其实难副"。拼搏的过程恰如一场赌博游戏，胜者为王败者寇。但有一个道理是所有高明的赌徒均奉行的，那就是功成身退，见好就收。隐退是避祸的一个法子，它更彻底，也能更有效地自保平安。所谓急流勇退、功成身退，便是一种明智的生存方法。

进与退是博弈之中的关键，把握好进与退的时机和分寸是事业成功、前途广阔的基础。那些在历史的惊涛骇浪中生存下来的人都善于适时进退，值得我们现代人学习和效仿。

春秋战国时期，魏惠王想要找一个商鞅式的人才，实现富国强兵的梦想，从而成为当时的霸主。不久，魏国人庞涓求见魏惠王，并展示了自己的才干，被拜为大将。后来，庞涓把同学孙膑推荐给魏惠王。孙膑是一位才干更高的奇才，很快赢得了魏王的赏识，获得了比庞涓更高的职位，结果引起了庞涓的不满。

庞涓不甘心被抢风头，于是在魏惠王面前诬陷孙膑私通齐国。于是，孙膑被投入监狱，受了严苛的刑罚，两块膝盖骨也被剜掉了。孙膑看清了庞涓的真面目，装疯卖傻成功逃离虎穴。大将田忌了解到孙膑的情况后，把他推荐给齐威王，并得到了重用。此后，孙膑帮助齐军打了许多胜仗，并在马陵之战中打败了庞涓的部队，血洗了当年的屈辱。

在上面的故事中，庞涓为了自己的利益，不惜对往日的好友下狠手，背后动刀子，获得了一时的功名利禄。但是，孙膑以退为进，决心隐忍避难，最终通过装疯卖傻骗过了庞涓的眼睛，有了在齐国担当重任的机会，并在战场上打败了昔日的敌人。庞涓不给别人留活路，最终断送了自己的生命；孙膑以退为进，最终赢得了胜利。

孟子曰："鱼，我所欲也；熊掌，亦我所欲也。二者不可得兼，舍鱼而取熊掌也。生，亦我所欲也；义，亦我所欲也。二者不可得兼，舍生而取义者也。"显然，每个人都有着不同的发展道路，面临着人生无数次的抉择，当机会接踵而来时，只有那些树立远大人生目标的人，才能做出正确的取舍，把握自己的命运。

为了更伟大的胜利，暂时的放弃，少许的后退，是理智的表现，也不失为一种豁达的智慧。有一种胜利叫撤退，有一种失败叫占领，拥有这种胸襟的人，自然能有更大的作为。须知，争一时不如争千秋，忍一时风平浪静，退一步海阔天空，暂时的撤退是为了更好地前进。懂得实时后退，才能做到万事均衡，对称和谐；懂得留有余地，才能做到进退自如，从容肆意。

在人生某些时刻，你只有敢于舍弃，才有机会获取更长远的利益。人最大的愚笨有时就在于只想拥有，却不知道如何放弃。人生这条船载不动太多的物欲和虚荣，要想扬帆而不在中途搁浅和沉没，就必须把那些应该放下的，果断地放下。

懂得功成身退的人，是识时务者。这是一种以退为进的策略，素有"置之死地而后生"的做法。虽然功成身退不至于此，但也是一种开辟出路的方法。如此这般，方能在激流中保护自己，笑到最后。因此，学会这种智慧，就不会使自己处于一个没有退路和出路的境地。

善于追求，善于争夺，可以说是人的一种本能，但人生的道路并不是一条笔直的大道，面对复杂多变的形势，人不仅需要慷慨陈词，也需要沉默寡言；不仅需要勇往直前，也需要抱朴守拙。对此，《孙子兵法》上说："不知军之不可以进而谓之进，不知军之不可以退而谓之退，是谓縻军。"

2. 强也示弱，给他人留足面子

懂得示"弱"是谦虚的表现，总是在该表现的时候沉默，在大家都驻足观赏的时候，把一切高美、险峻、赞扬、羡慕、鲜花、掌声无偿地让给别人，没有高谈阔论，只有一声不响，没有夸官显富，只有低调从容，在别人最需要帮助的时候，能及时伸出温暖的双手。这样示弱既是一种生存智慧，也是获取成功的手段。

正所谓"木秀于林，风必摧之"，树大容易招风，而小草尽管柔弱，却很少引起他人注意，所以能够平和地享受阳光雨露的滋润。在为人处事的过程中，要善于表现出自己柔弱的一面，这样可以麻痹竞争对手，使自己获得喘息和发展的机会，甚至发动突然进攻取得胜利。

强者示弱的极致表现便是胸襟宽广、能容人。若形势不利于自己时要学会隐藏强大的实力，免得被人嫉妒而遭暗算，要给人一种软弱无力的假象，这样才能保护自己、伺机而动。

赤壁之战以后，东吴反复要求刘备归还荆州，但是有关羽把守，最终无计可施。荆州处于东吴上游，严重威胁着吴国的安全，所以孙权一心要占有它。后来，关羽北上攻打樊城，给吕蒙夺取荆州提供了绝好的机会。

　　吕蒙表面上对关羽修好，十分珍惜双方的和平关系，暗地里却想办法夺取荆州。于是，他上书孙权说，请求带兵回到建业，然后以养病为名麻痹关羽。就这样，孙权公开下诏征吕蒙回建业养病，暗中跟他谋议袭取荆州的具体办法。之后，吕蒙推荐陆逊代他把守陆口，如此就不会引起关羽的猜忌。

　　陆逊到达陆口之后，采取了"卑而骄之"的示弱策略，使关羽对东吴失去防备之心。他在写给关羽的信中说，祝贺关将军在樊城取得的胜利，并表示东吴也很为之高兴；接着对关羽大加赞颂，最后还自称晚辈书生，才疏学浅，并指望将军指教。关羽看完信，发现陆逊对自己既敬佩又谦卑，于是打消了江东的忧虑。

　　不久，关羽就调后备兵到樊城。陆逊收到消息后，立即起兵准备占领荆州。吕蒙带领人马到了寻阳，让精兵藏在船里，让穿着白衣的士兵摇橹，化装成商人，昼夜兼程赶到关羽设立在江边的烽台旁，摧毁了关羽的报信设施。就这样，东吴占领了荆州。

　　鬼谷子在纵横术里面说，学会示弱不是认输，而是学会低调，因为没有人喜欢趾高气扬的公鸡，那些总是高高在上的人是不会得到人心的。有的人喜欢被人称赞，所以总是出尽风头，觉得这样会被人肯定，能够体会到成就感。其实这样的"出头鸟"并非能赢得他人的好感，有时甚至适得其反，其锋芒常会刺伤周围的人，让人唯恐避之不及，有时还会成了众矢之的。

　　在竞争过程中，要善于选择示弱的内容。比如，成功者在别人面前多说自己失败的经历，现实的烦恼，给人"成功不易"的感觉；某些专业上有一技之长的人，可以说明自己对其他领域一窍不通，等等。

　　与人相处，有时候"硬碰硬"取得的效果未必会很好，在适当的时候采用"示弱"的办法，会给个人创造一个良好的人际关系环境。只有懂得在合适的时候示弱，才能积蓄力量，最后转弱为强。

　　示弱这种生存智慧其实更是一种获取成功的手段，示弱不仅不会使自己的身份降低，相反，强者示弱还会受人尊重，给人以谦虚、和蔼、心胸宽广、平易近人的印象。而强者已经处于有利地位，如果在一些小名小利之事上有所放弃，"抓大""放小"，示弱于人，这样可以使弱者感受到平等的人格，也能获得充分尊重，同时还可以心平气和地向强者学习，达到提高的目的。

3. 以其人之道，还治其人之身

《圣经》里说，当有人打你右脸的时候，连左脸也转过来由他打。然而面对无赖，你的宽容并不能打动他们，反而会令其得寸进尺。因此，当有人打你右脸的时候，你要狠狠地打回去。千万不要因为不好意思还手，等到左脸也被打了才后悔万分。

正所谓"以其人之道，还治其人之身"，一些人不怀好意，总想方设法让我们丢脸，然后利用可乘之机达到自己不可告人的目的。对待这种人，我们要以眼还眼，以牙还牙，让他们暴露自己的丑恶嘴脸。

通常，不怀好意的人往往缺乏做人的诚意，而且总是故意让对方难堪，其用心非常险恶。面对这种情形，也让他们尝尝被"整"的滋味是很有必要的。如果一时心软，下不了手，往往会让对方认为你好欺负，下次有机会，他还可能对你不客气。

晏子是齐国的大夫，有一次他出使楚国，楚王和他的左右想要羞辱他一番，便故意与晏子站在前庭说话。

这时，武士押着一个人从楚王面前经过，楚王问道："绑的是什么人？"武士回答说："是齐国人。"楚王瞅了一眼晏子，挑衅说："齐国人生来就是盗贼吧？"

晏子针锋相对，说："大王，江南有橘树，把它移栽到江北，就变成了枳树，之所以如此，那是随着地方的不同而发生变化。当今的齐国人，在齐国不偷不盗，很守本分，到了楚国就胡作非为，大偷特偷起来，这大概是楚国的恶习熏染的吧。"

楚王听后无言以对，只好说："晏子果然是贤人，贤人不可以戏侮；戏侮不成，反倒自讨没趣。"

这就是"晏子使楚"的故事，晏子没有从别的角度还击楚王的侮辱，而是选择了直来直去的方式，使楚国从侍从到楚王都无言以对。晏子能够维护自己的立场，就是巧妙地运用了"以其人之道还治其人之身"的方法。

受到攻击之后，人们习惯用别的方式来予以还击，这样还击的效果其实不是最好的。因为你需要花时间去构思、去思考，找出漏洞，再找合适的时机去实施。这样就耽误了自己宝贵的时间与精力，同时还让对方觉得你好欺负。显然，一次性打垮对方更能增强震慑效果。要达到这个目的，最简单最直接也是最有效的方法就是用同样的方式还击回去。

许多时候，该放下矜持的时候我们要放下矜持，直接用对手的方式还击对手，让他知难而退，不敢再对你有非分之想。一时的不好意思，不选择最有还击力量的方法，最终吃亏的还是自己。为什么要牺牲自己的利益，仅仅为了那一点面子？所以，该出手时就出手，出击时犹如狮子搏兔，务求一击必胜，这样才能让敌人不敢再犯。

第一，模棱两可，模糊表态。不知道对方的来意时，不必做出反击的决定。即使对方惹恼了你，也要沉住气，探查其真正意图是什么。做到有的放矢，才能在后继行动中一招制胜。

第二，面对不怀好意的人要保持平稳的心态。遇事不慌不乱，才能稳住场面。面对他人的挑衅，你能保持淡定的姿态，而非暴跳如雷，才能冷静面对局面，采取应对的举措。

第三，可以偷梁换柱，转移话题。所谓"偷梁换柱"就是偷偷地转移话题，明着是回答了问题，但是实际上却并没有做出正面回答。这能帮你赢得时机，最终战胜对方。

4. 将计就计，不言不语事可成

在"将计就计"这一谋略中，第一个"计"是说对方的如意算盘。在这个计策里要求我们明明知道对方的计谋而装作不知道，对方把它当作最佳妙计，对我们来说却是给他们设的一个圈套，而敌方对此全然不知。其实就是利用敌人的麻痹心理，当他自以为我们已经上当的同时，再给他设一个圈套，让他不知不觉地中计。

鬼谷子说："欲闻其声反默，欲张反敛，欲高反下，欲取反与。"意思是要讲话，反而先沉默；想要敞开，反而先收敛。想要了解对方的实情，就要善于运用模仿和类比的方法，以便把握对方的言辞。能否运用好"欲取反与术"，关键在于能否把握好对方计策的应用，然后巧妙地再为对方设计一个计策，让对方在不知不觉中进入我们设的圈套，由此巧妙取胜。

一般来说，将计就计是一种在被动的形式中包含有主动内容的智谋，从表面来看只能成为一种自我麻痹的形式，对方常因正中下怀而沾沾自喜，丧失警惕，因此将计就计能用最小的代价换取最大的利益，而且成功的概率比较大。

唐高祖即位以后，封李建成为太子，李世民为秦王，李元吉为齐王。三个人当中，李世民功劳最大。李建成的战功不如李世民，只是因为他是高祖的大儿子，才取得太子的地位。太子建成自己知道威信比不上李世民，心里妒忌，就和弟弟齐王李元吉联合，一起排挤李世民。

当时，突厥进犯中原，太子建成向唐高祖建议，让元吉代替李世民带兵北征。唐高祖任命元吉做主帅后，元吉又请求把尉迟敬德、秦叔宝、程咬金三员大将和秦王府的精兵都划归元吉指挥。他们打算把这些将士调开以后，就可以放手杀害世民。

有人把这个秘密计划报告了李世民。李世民感到形势紧急，连忙找长孙无忌和尉迟敬德商量。两人都提议先发制人，但是李世民说："兄弟互相残杀，总不是件体面的事。还是等他们动了手，我们再来对付他们。"尉迟敬德、长孙无忌都着急起来，说如果世民再不动手，他们也不愿留在秦王府白白等死。李世民看到大家十分坚决，才决心一搏。

当天夜里，李世民进宫向唐高祖告了一状，诉说太子跟元吉怎么谋害他。唐高祖答应等明天一早，叫兄弟三人一起进宫，由他亲自查问。

第二天早上，李世民叫长孙无忌和尉迟敬德带了一支精兵，埋伏在皇宫北面的玄武门。没多久，建成、元吉骑着马朝玄武门来了，他们到了玄武门边，觉得周围的气氛有点反常，心里起了疑。两人拨转马头，准备回去。李世民从玄武门里骑着马赶了出来，高喊说："殿下，别走!"

李元吉转过身来，拿起身边的弓箭，就想射杀世民，但是心里一慌张，连弓弦都没拉开。李世民眼明手快，射出一支箭，就把建成先射死了；紧接着，尉迟敬德带了七十名骑兵一起冲了出来，尉迟敬德一箭，把元吉也射下马来。

唐高祖正在皇宫里等着三人去朝见，尉迟敬德手拿长矛气喘吁吁地冲进宫来，说："太子和齐王发动叛乱，秦王已经把他们杀了。秦王怕惊动陛下，特地派我来保驾。"

高祖这才知道外面出了事，吓得不知道该怎么办才好。宰相萧▇等说："建成、元吉本来没有什么功劳，两人妒忌秦王，施用奸计。现在秦王既然已经把他们消灭，这是好事。陛下把国事交给秦王，就没事了。"过了两个月，唐高祖让位给秦王，自己做太上皇。李世民即位，也就是唐太宗。

凡事都要谋定而后动，做事之前先考虑清楚做这件事的后果和过程，把一切摸清，还要懂得适时而止，这样才会有不错的收获。在生活中，理性地对待身边发生的一切，特别是面对突如其来的变故，冷静地处理，而不是慌乱的、盲目的，不理智的处理方式和理智的处理方式，结果将大不相同。

将计就计的关键是识破敌人的计谋和他们所想达到的目的。只有这样，才能反其道而行之，使对手吃苦头，而且往往苦头还是对手自己找的。其实质在于顺应对方的意图，因势利导，利用对方设的圈套再设一个圈套，在对方挖的陷阱之外再挖一个陷阱，最终让对方自食其果。

5. 丢掉妇人心，该翻脸时就翻脸

古人说过"无毒不丈夫"，话虽残酷，却是真理。尤其在弱肉强食的商场，只有果敢冷静，甚至有时候需要冷漠，才能达到自己的目标。所以，在成功的路上不要总是怀揣妇人心，必要的时候是需要"翻脸"的。

生活中总听见有人针对一件事这样说：这样做是妇人之仁，是会留后患的。其实很多时候还真是不能心慈手软，尤其在商场上，一时的心软反而可能会置自己于不利境地。这个世界需要爱心。但是，只懂得爱，甚至不分青红皂白去爱的人，注定会因为心慈手软难担重任。有一则寓言故事，就很好地说明了这一点。

一匹狼跑到牧羊人的农场，想捕杀一只小羊。这时候，牧羊人的猎犬跑过来，它不但体型高大，而且异常凶猛，狼既打不过也跑不掉，就趴在地上流着眼泪哀求。

　　猎狗听了这些可怜的话语，看到狼的眼泪，就不忍心了，最后决定放了这匹狼。谁都没有想到，狼在猎犬往回走的时候，纵身咬住了它的脖子。幸亏牧羊人及时赶来，才救了猎犬一命。

　　猎犬流了很多血，不过它最伤心的是，自己动了恻隐之心却招致杀身之祸，这个世界简直太残酷了。

　　有时候该翻脸就要翻脸，不是不讲道德不讲人情味，真的是有些事情不得不公事公办，或者说尤其对于那些明明就不对的事情，我们还仁慈地包容，那么我们得到的只有失败和沉重的打击。所以，不要一味怀着仁慈之心，有时候该翻脸就要翻脸，因为不是任何时候都要用感情来生存，有时候还需要果断的拒绝和冷漠。关键时刻要有一股狠劲，别因为不好意思丧失了掌控局面的机会，让自己在妇人之仁中败下阵来。

　　"残酷"是我们这个世界的根本特征之一，许多时候对别人仁慈就甭想混出个样子来。唯有"狠"，才能维护好自己的利益，让别有用心的人不敢轻举妄动。心特别柔软，容易感动，受情绪影响大，这是女人的特性。这种"妇人之仁"，有时候可以发挥很大的感化力量，但是在人性丛林里，它会成为一个人生存的负担，甚至是致命伤，这在出现利益纷争时表现得尤其突出。

　　许多时候，你如果不好意思，别人就会很好意思地把你打败。显然，一个人不能因为妇人之仁就丢了大局。这样没有任何益处，只能带来无尽的悔恨和无法挽回的错误。

　　心慈手软，对政治家、军事家、大商人来说，都是致命的弱点，是他们失败的一个重要原因。面对你死我活、你上我下的斗争，对敌人的仁慈就是对自己的残忍，这个道理是显而易见的。比如楚汉之争，本来是你死我活的较量，项羽在关键时刻却起了"妇人之仁"，放刘邦一马，放的结果是虎归山、龙入海，项羽最后只能"霸王别姬"。

　　面对你死我活的争斗，千万别有"妇人之仁"。要知道，人世的规律本就是"适者生存，胜者为王"。所谓仁心、仁政，不过是外儒内法的一面。"仁"是以"法"为后盾的，失去了法家的凌厉、威猛，儒家的"仁"就不具备任何现实意义了，反而会成为你的桎梏。

第一，"挥剑斩情丝"才能用短痛代替长痛。对男人来说，"妇人之仁"不是好事，要想混得好就坚决不能有妇人之仁。可是，天生心太软的人怎么办？难道注定在人性丛林里做个被剥削、被凌辱者？非也，这种人要训练自己的思维与判断，用理性与智慧来指引自己的行为，而不要让感情牵动它们。只要敢于"挥剑斩情丝"，就能在痛定思痛之后变得成熟、稳健，成为赢家。

第二，"妇人之仁"是一笔负债。你的"妇人之仁"会弄得你周围的人与事一团糟糕，成为你在人际关系、事业前途上的掣肘。一旦形成这种个性，那么你在起跑线上就已经输了，你的人生就多了一笔负债。在弱肉强食的丛林法则里，把"仁"作为行事原则的人，遇事都不会吃得开，也不会混得好。

第四章 互惠心计定律：精明处世，讲功利也讲感情

竞争不只有你死我活的较量，还需要和谐共生的智慧。真正精明的人既想到我方的利益，也照顾到他人的诉求，从而在竞合中实现共赢。上半夜想想自己，下半夜想想别人。懂得考虑对方的利益，注重对方的心理感受，做出对方易于接受的方案，那么自然容易实现合作。否则，失了人心，一切都将完蛋。

1. "双赢"效应：与其你死我活，不如你活我也活

当年，李嘉诚与地铁公司、汇丰银行合作成功，被传为佳话。曾有记者询问其中有什么奥妙，李嘉诚说："奥妙实在谈不上，我最重要的是首先得顾及对方的利益，不可为自己斤斤计较。对方无利，自己也就无利。要舍得让利使对方得利，这样，最终会为自己带来较大的利益。我母亲从小教育我不要占小便宜，否则没有朋友，我想经商的道理也该是这样。"

今天的社会已经不适合原始竞争，也不适合长期的自然过程的竞争。这是因为当今社会的经济规模和市场进入门槛条件，以及进入后的资金运作方式已经发生了根本改变。

与其你死我活，不如你活我也活，就要求我们在人际交往中要学会合作和团队协作。今天，许多跨国公司在招聘工作人员的时候，都把"团队精神"

"合作态度"作为一个极其重要的考核内容，为什么？因为具备团队精神的人才能让自己从"人才"变成"人财"，为企业创造价值，并建立整体竞争优势。

微软公司的创始人比尔盖茨，是一位喜欢把敌人、对手转化为自己的朋友的人。众所周知，苹果和微软在世界市场上的地位是不相上下的，这样不可避免地使两家公司成了竞争对手。

20 世纪 80 年代，随着两个公司业务范围不断扩大，经营规模也在与日俱增，两家公司的关系出现了明显的敌对状态，为了争夺各自在个人计算机方面市场的控制权而展开了激烈的竞争。两家公司都想在世界市场上一枝独秀，谁也不想把偌大的世界市场让给对方。

到了 90 年代中期，微软在比尔盖茨的带领下因为技术优势明显占据领先地位，占领了市场的绝大部分份额。与之相对的苹果公司则面临着巨大的危机，举步维艰，不仅没有抢到市场这份蛋糕而且几乎连一杯羹也没有分到，企业逐步陷入困境。

在一般人看来，微软应该乘胜追击，将自己的对手置于死地，消除自己的后顾之忧，从而为自己的长远发展拓宽道路。但是，比尔盖茨作为微软的总裁并没有采取消灭苹果的策略，他的策略令很多人都感到惊讶。

1997 年，微软公司向苹果公司投资 1 个多亿元，来挽救濒临崩溃的苹果公司，正是因为这具有起死回生作用的 1 个多亿元使得苹果公司有了日后的风采。紧接着，微软公司又推出 Office2001，为苹果公司的再度崛起增强了一个更加坚实的砝码，从此苹果公司得到迅速发展。

当苹果公司不断发展的时候，微软公司也凭借与苹果公司的合作使自己的发展又上了一个台阶，逐步成为世界计算机行业的领头羊。

在利益交换过程中，人们总是为了追求最大利益，"宁为玉碎，不为瓦全"。虽然有时赢得了对方，但往往是两败俱伤，拼得你死我活的，最后也不能达到预期目的。其实，任何利益都是有相互依存的双方。对手的灭亡，也同时预示着自己财路的断送。有谁会自动掐断自己的财路呢？

人与人之间的相处，很多时候并不是单项选择题——有你没他，而是多项选择，可以双赢。有些人不明白，他们只知道鱼死网破，不是你死就是我活。

为争名夺利打得头破血流、同归于尽的例子，我们身边经常上演。这种人永远没能体悟到，在必要时让一步，反而会给自己带来更大的好处。

在现代商业社会中，凭个人的单打独斗很难取得事业上的飞跃。只有把自己的意识由局部上升为整体的时候才能为自己的长足发展奠定基础。因此，学会与人合作就显得至关重要。只有摒弃"你败我胜，你输我赢"的斗争心理，双方都遵循互惠互利的原则，才可以找到一条共同受益、长期合作的途径。

摩根说："竞争是浪费时间，联合与合作才是繁荣稳定之道。"很多犹太人之所以成功，就是得益于这种"有钱大家赚，大家都发财"的合作观念。双赢思维是一种基于互敬、寻求互惠的思维模式。只有在双赢思维下，才能实现冲突各方的利益均衡，找到彼此之间的利益交点。寻求相互利益，是竞争中的合作而不是单纯意义上的竞争。犹太人非常推崇双赢，他们认为合作双方都不能获利的生意不是好生意。

2. 坚持利益共享才能赢得合作机会

在许多情况下，"关系"意味着"合作"，时刻注意合作伙伴的利益和诉求，坚持共享的精神，才能让你的关系发挥应有的作用。比如，在合作中，任何一方都多为对方着想，多考虑对方的利益。如果只是想着自己多得到一些利益，而让对方少得到一些利益，这种合作伙伴关系必将走向破裂，受害的是合作的双方。

中国传统的儒商讲究"以德为本，以义为先，以义致利"，这其中追求的正是一种"以和为贵，散财聚人"的境界。在人际交往的过程中，要遵循"贵和"的原则，即使散财，也得减少人际关系冲突，实现和谐发展的目标，尤其在生意场上更是如此。

在香港地区，企业董事长每年会从利润中拿出一定比例来奖励董事会成员，称之为"袍金"。李嘉诚曾出任十余家公司的董事长或董事，所得"袍金"有上千万港元。但是，他把所有的袍金都归入长江实业的账上，自己全年只象征性地拿 5000 港元。

要知道，这 5000 港元还不及一名清洁工在 20 世纪 80 年代初的年薪。李嘉诚在董事袍金上的做法，成为香港商界、舆论界的美谈。

更重要的是，李嘉诚每年放弃数千万元袍金，主动把利益和大家一起分享，而不是独吞，获得了公司众股东的一致好感。爱屋及乌，大家自然也信任"长实系"的股票，甚至出现了这样的情况：李嘉诚购入其他公司股票，投资者主动跟进，成为投资界的一道风景。

李嘉诚的"分享"哲学，体现了互利互惠的经营观。做生意，本身就是合作的过程，只有在合作中才能实现交易。而在发展关系的过程中，主动与人分享利益，赢得的是他人的信任，更多的伙伴，以及发展前景。

让每个人都在物质上有保证，把人际关系理得顺顺当当，从而让自己的生意兴旺起来，这是"千金散去还复来"的智慧和勇气。可以说，善于"散财"，不一味地"聚财"，不但会成就你的事业，也会成就个人的声望。

试想一下，在一项业务合作中，如果双方都拿50%的利润，这项合作可以很好地进行下去，因为双方都觉到自己的50%是应该拿的。但如果一方只拿40%，而愿意把利润的60%都让给对方呢？这样在短期内或许是吃亏，但从长远看呢？你的赢利是什么呢？

答案不言自明，长期合作的收益远远比一次合作的收益要高得多，有着良好的信誉，有几家关系稳定的合作伙伴，是事业立于不败之地的重要保障。因此，懂得让利，在利润分享上大方一些，更容易赢得合作，让关系长长久久。

很多人与人合伙做生意，结果不欢而散。那是因为，极个别的人敛了财，结果：人散了！大家的财路都断了……有些人，一起投资、做生意，按股份分，按付出分，大家平等！有些老板给雇员股份，企业做得长，做得久，做得好……自己吃米饭，总要让下属喝点粥吧！如果下属连粥都喝不上，结局就是和你说"BYE－BYE"。所以，要当好大老板，必须懂得"散财"。

苏宁老总张近东除了分配股权给南京总部数名高管之外，还用此招来稳定苏宁各地分公司的管理团队，根据苏宁各地分公司高管的表现，张近东给予他们一定比例的分公司股份作为奖励。张近东这种慷慨行为让这些高管对苏宁由衷地产生了归属感和主人翁精神，使得苏宁众多"职业经理人"转变为"事业经理人"，因而苏宁从未像同行那样出现高层频繁流动的现象。

"财散则人聚，财聚则人散"，许多企业公司老板不是不明白，而是不愿意践行，自己兜里的财富，谁都不愿意往外掏，或者说能少掏一点是一点。而总有一些悟性好的大老板因为意识到分享的重要意义，并把它作为一项重大的责任，忠实履行这项责任，结果，他们的事业一步步走向了辉煌。

财散人聚，财聚人散；小胜凭智，大胜靠德。人际关系中，贫贱之交最贴心，在没有钱的时候，我们拥有的是朋友、家人的温暖，往往有了钱反而会产生间隙，慢慢地感受到人心隔肚皮，开始猜忌，开始远离；聪明的人可以凭一时的智慧取得胜利，但是真正的大智慧、大成就的实施者往往是那些人品出众，让大家爱戴的人。

生意人应该利益均沾，这样才能保持久远的合作关系。相反，光顾一己利益，而无视对方的权益，只能是一锤子买卖，必然将生意做断做绝。出让利益，你将得到珍贵的关系，而利用好这些关系，得到的是更大的收益。正所谓，小利不舍，大利不来。

3. 共生效应：好处自己不独吞，荣耀勿独享

共生效应是指在植物界中相互影响、相互促进、互得利益的现象。荒野里，一株植物单独生长时，往往长势不旺，没有生机，甚至枯萎衰败，而当众多植物一起生长时，却能郁郁葱葱，挺拔茂盛。

任何时候，维持长久的关系，都要把握"利益平衡"这个基本原则。从某种意义上说，利益失去平衡，或者进行利益重新分配的时候，就是关系解体的开始。共生就是好处自己不独吞，得到的荣耀勿独享，同时有利于双方共同发展，这种情况应不仅限于植物界，在人类社会，尤其是在商场中更能体现这一真理。

生意场上，大家都是因为利益才维持着彼此的合作关系。通常情况下，所有参与进来的人都会努力地维护着这个利益关系的稳定，而对一切交易机密保持缄默。只有某一方对利益的分配表示极其不满时，才有可能出现所谓的脱线行为，把关系网上的人全部拖下水去。

因此，处理好你与他人的关系，一定要善于从"利益"这个角度入手，去

分析人们的立场、主张，以及对方的行为。而为了保持现有的关系，则要注意利益均衡的原则，或者维持既有的利益分配规则。

闻名世界的日本八佰伴曾经是日本最为成功的超级市场，也是当时世界上最大的零售商之一。其发展历史曲折艰辛，充满传奇，它的创始人阿信之子——和田一夫，将八佰伴从一个乡村菜店，一步步发展为日本零售业的巨头。这一直为人们津津乐道。

日本八佰伴每年与各厂家的订货量是相当惊人的，所以各厂家都在出厂价的基础上又给予了其一定的优惠。然而，八佰伴集团却总是认为各厂家的价格仍然过高，盲目地疯狂压价，直至厂家无法接受，被迫终止与八佰伴的合作关系。

商场道德的本质是通过利人来利己，先利人后利己。市场经济的游戏规则是你想得到别人的东西，既不能偷，也不能抢，只能通过交换，先创造财富后获得财富，先人后己。利人是利己的前提。让别人得到利益，自己也会得到利益，让别人赚了钱，自己也就赚了钱，这正是所谓的"成人之美，方能惠己"。有了好处万万不能自己独吞。

追求利益是人生而为人并立于世的动力，但为了赚取更长久的利益，人们必须克制贪欲，放远目光。求利之心人皆有之，但是过度的贪婪则会埋葬人们长远的利益。不妨本着有了好处大家共同分享的精神，放弃一时的贪欲，这样人们反而可以获得更多的利益和更大的成就。

华人首富李嘉诚说过："如果一单生意只有自己赚，而对方一点不赚，这样的生意绝对不能干。"意思是，生意人应该利益均沾，这样才能保持久远的合作关系。相反，光顾一己利益，而无视对方的权益，只能是一锤子买卖，自己将生意做断做绝。

关系是什么，就是照顾到自己，也想到别人，你中有我，我中有你。在利益上，一个人独占，谈不上"利益关系"。因此，凡是谈到"关系"的时候，一定要想到他人，并维护好他人的利益。当你与他人的关系无法进行下去时，应该想一想是不是利益分配上出了问题。有时候，你在利益上让一步，对方也让一步，关系就顺畅了。

这个世界，本来就是互通的、竞争的，只有通过竞争才能从他人处获取想要的利益。但是，为了满足自己无休止的利益欲望，在面对利益、有了好处时总是自己独吞的人，只能失道寡助，因小失大，断送自己的财路。

4. 感情投资花费最少，回报最高

人是情感动物，根据管理学大师马斯洛的需求层次理论，物质保障只是低级的需求，精神需要才是高级的需要。因此，在人员激励方面，情感激励应该重于物质激励，既省钱效果又好，何乐而不为呢？

日本麦当劳的社长藤田田在《我是最会赚钱的人》中谈到，将所有投资分类，研究回报率后可以发现，感情投资花费最少，回报率最高。

为了留住人心、提升工作效率，藤田田每年支付巨资给医院，作为保留病床的基金。当员工或家属生病、发生意外时，就能立刻住院接受治疗。这一做法解决了员工的后顾之忧，能够让大家安心工作。

此外，藤田田还把从业人员的生日定为个人的公休日：让每位员工在自己生日当天和家人一同庆祝。这样一来，员工就能和家人尽情欢度美好的一天，养足精神以后，第二天就可以全身心投入到工作中去。"为员工多花一点钱进行感情投资，绝对值得。"藤田田的做法调动了员工的积极性，获得了良好的回报。

使用以情动人的方法，会让你取得比使用任何别的方法更省时且长效的效果。说到感情投资，不得不佩服中国古代先人的智慧。在《史记》当中，太史公司马迁以生动的笔墨记录了一系列用感情进行投资的"企业家"的事迹，其中最著名的一位是白圭。

《史记·货殖列传》记载："白圭，周人也"，"能薄饮食，忍嗜欲，节衣服，与用事童仆同苦乐，趋时若猛兽鸷鸟之发。"文中的"用事"，即办事人员，用现在的话说就是执行人员、员工。"童仆"，家中侍候主人的孩童和仆人。一个商人如果能够做到"与用事童仆同苦乐"，那么，用事童仆自然也会与你同苦乐。这正是成功商人追求的一种和谐境界，也就是说需要老板对员工投入一定的感情。

日常生活中，参加朋友婚礼、举办同学聚会……其实都是在进行"感情投资"。这既是做人的学问，也是日后办事的需要。现代人生活忙忙碌碌，没有时间进行过多的应酬，时间一长，原本牢靠的关系也可能淡漠起来。"人心"散了、丢了，以后求人办事就会很麻烦，遇到许多困难。因此，即使再忙，我们也要花些时间和精力加强情感沟通、进行感情投资。

第一，坚持常联系，多沟通。培植感情的办法很多，平时和他人在无拘束的气氛中聊聊天，就是一种有效而又简便的方法。其次，一餐便饭，一封感谢信，一份小礼品，几句祝福语，也是不错的选择。利用各种人际关系为自己的将来办事，无非是通过感情投资来拓展自己的关系网。

第二，选择良好的沟通环境，从而增进感情。在这一点上，惠普公司就做得很好。它的办公室采用"敞开式"，全体员工都在一间大厅中工作，上司根本没有独立的办公室。同时，在工作场所，员工之间不称职衔，而直呼其名，即便是面对董事长也不例外。这样做有利于员工之间相互通气，从而创造无拘无束和亲密合作的气氛。

第三，用长远的眼光看问题。感情投资忌讳目光短浅。因为，感情投资是项长期行为，决不能采取"平时不烧香，遇事抱佛脚"的短视态度；否则，别人能否为你办事，就是一个问号了。所以，在平时不需要帮助的时候就加强往来，才能在需要帮助的时候得到温暖。

5. "信用"是你人生最大的资产

从古至今，诚信是为人处世的最基本准则。在人际交往中，人们都喜欢与讲诚信的人打交道。俗话说："人无信不立。"诚信的人更容易赢得朋友、客户和同事的信赖，使自己的人生之路更顺利，更宽广。

"君子一言，驷马难追"，古代先哲非常看重个人的"信义"。孔子也曾经说过"言必信，行必果"，而"人无信不立""人以信为本"也成为人们公认的处世法则。一个人只有诚实待人、不说假话，不欺骗他人才能在这个世界上立足，这是做人的基本准则。因此，每个人都要注意培养自己诚实守信的性格。

庄子认为，一个人心有诚意，口则必有信言，心有诚意，口有信言，则身必有信之行。诚信是我们实现自我价值的保障，是个人修德达善的内在要求。缺失诚信的人往往使自己陷入难堪而孤立的境地。而且，缺失了真实和诚信，不仅欺骗了别人，也必然是欺骗了自己，毁坏了健全的内心世界，也破坏了与他人的良好关系。

历史上的诸葛亮不但是一位智谋超群的军事家，而且也凭借自己的信义赢得了下属的拥戴，从而实现了出色的管理。在第四次出兵祁山进攻魏国的时候，诸葛亮派人制造了"木牛流马"运输军粮。当时魏国派司马懿带领军队到祁山迎战。面对来势汹汹的魏军，诸葛亮不敢轻举妄动，因此采取了占据险要地势、静观其变的策略。

更棘手的问题是，当时蜀军中有八万人服役期满，这些老兵整装待发、准备早日回家。但是如此一来，本来就势单力薄的蜀军将更加难以抵挡30多万人马的魏军。一些蜀将向诸葛亮建议留下八万老兵，可以适当延长一段时间。然而诸葛亮却说："带兵打仗一定要讲信义，如果我这么做就会失去军心。而且老兵们常年在外征战，他们早已归心似箭，我不能阻挡他们回家啊。"

于是，诸葛亮下令让老兵们按时回家。忐忑不安的老兵们听到消息后，在欣喜之余，感激得流下了眼泪，许多人纷纷提出留下来继续参战，而服役的士兵们也深受鼓舞，一时间军队士气高昂。诸葛亮信守诺言，从而收拢了军心，加强了军队的战斗力，为这次战斗的胜利做了思想动员。

"与人交，信为美"，诚信是立身之本，也是处世之宝。这就要求我们能以坚定的方式来进行诚信的自我陶冶和自我改造。当你拥有了真实和信用，你也就拥有了走向成功的无形资产。

现实生活中，许多人都把说谎、欺骗看作获取成功的一种手段，并乐此不疲。尽管他们会在某一时段得逞，但是一旦自己的谎话被揭穿，代价是非常残酷的，会使人彻底失败。所以有智慧的人是不会轻易违背诺言的，他们以诚实守信赢得大家的信任和尊重，最终站在了成功的顶点。

法国陈氏兄弟百货商场总裁陈克威说："生意能不能做大，企业能否逐渐发展壮大，关键在于会不会科学管理，能不能诚信经营。在世界任何地方，要想开拓自己的事业，不树立诚信的观念，不考虑办事效率和程序，会寸步难行。"

在大老板眼里，货物的交易只是形式，信誉的推销才是根本。销售商品，卖的其实是"信誉"。顾客对你的商品满意，还有再次购买的欲望，意味着你可以拥有一个稳定的客户群体；你的商品口碑好，大家口口相传，还会增加潜在的消费群体规模，这都可以转化为未来庞大的利润。

李嘉诚认为，做人跟做生意一样，必须有自己坚守的原则。诚信，就是商人必须恪守的一个底线。他说："我对自己有一个约束，并非所有赚钱的生意都做。有些生意，给多少钱让我赚，我都不赚……有些生意，已经知道是对人有害，就算社会容许做，我都不做。"

世俗的社会中，人与人之间存在着错综复杂的利害关系。正因如此，人们之间少了真诚、坦率，多了虚伪、矫情。在这一背景下，如果我们本着真诚的态度为人处事，就容易获得他人的信任和支持。所以，我们不能因为外部世界的伪善而主动放弃真诚对待他人的做法，反而要以真诚换取人心，精诚所至，自然水到渠成。

今天，诚信已经成为这个社会最普遍、最基本的伦理价值需要。随着交际关系的日趋复杂，人们对诚信的需求也日趋强烈。经济活动需要诚信，政治、精神文化活动等领域都需要诚信的支撑。

中篇　**心计策略**

　　一个人要混出名堂，在残酷的竞争中分得一杯羹，也要懂一点儿"混"的韬略。社会环境复杂多变，超出了人们的想象，你必须掌握低调处世的智慧，掌握舍得的玄机，谙熟方圆的妙处，从而变得成熟、稳健，成为可以依靠、值得信赖的人，方能赢得更多成功机会。

第五章　低调心计学：藏匿锋芒，
聪明人都懂得自我保护

　　真正有本事的人都遵循这样一条准则：低调做人，高调做事。保持低调既是一种习惯，又是一种保护自己、战胜敌人的本领。为人低调，对手就不容易发现你性格的弱点；为人低调，才能守住自己的阵地，赢得机遇。因为低调，他们才能抓住时机，避免了过度的竞争，使成功手到擒来，一出手便达到目的。

1. 学会在低调中修炼自己

　　放低姿态，能够在低调中修炼自己，并且寻求机会，在不显山、不露水之中，成就宏图伟业；学会低调，能够在无人关注的情况下，一飞冲天，一鸣惊人，不骄不狂，豁达从容；学会低调，能够在隐蔽中养精蓄锐，从而实现胜人一筹的突变。

　　在错综复杂的社会中，不要刻意去炫耀自己的才能，当然要找准时机，把握好什么时候应该展现自己的才能，什么时候应该收敛自己的锋芒，避免不必要的麻烦。如果只是一味地炫耀自己的才能，不仅会招来别人的嫉妒，还容易被人误以为轻浮。一个有远大抱负的人，当时机不成熟的时候，往往会采用韬光养晦的策略，韬光养晦是一门学问，更是为人处事的一种策略、手段。

　　低调做人是一种人生哲学，也是弱势图强、险中求进的做事策略，更是赢得人生、成就事业的低调姿态。低头的同时，却在暗中前进；处于弱势，却并非真弱，只是为了减少阻力，避开障碍，这不失为一种睿智的做人之道。

起初，刘备并没有自己的地盘和人马，却一心想赢取天下，但他在各路诸侯面前却隐藏起自己的锋芒，这是因为他掌握了绵里藏针的处世技巧。

刘备在担任徐州牧的时候，还被吕布夺去徐州和小沛，连栖身之地都没有，最后他不得不到许昌投奔曹操。

当时曹操挟天子以令诸侯，势力非常强大，可以说是权倾朝野。在许昌，汉献帝确定了刘备"皇叔"的身份，刘备得到了重视，并被封为左将军。但是刘备非常清楚自己的境遇，也很明白曹操的野心。为了避免被对方猜忌和谋害，刘备采取了隐忍的策略，一心在自己家的后园种菜。

有一天，曹操邀请刘备饮酒，谈论起当今天下的英雄。曹操问刘备心目中的英雄人物，刘备列举了袁术、袁绍、刘表、孙策、刘璋、张绣、张鲁、韩遂等人。但是曹操却否决了他的看法，认为这些人根本称不上英雄。接着，曹操用手指着刘备和自己说："今天下英雄，惟使君与操耳。"刘备听了大吃一惊，连手里的筷子都落到地上了。恰好当时天空有雷声响起，刘备于是说自己是被吓的，最终躲过了曹操的猜忌。

这就是著名的"青梅煮酒论英雄"，在这里刘备收敛锋芒、藏而不露，是一种明智的选择。就这样，刘备以绵里藏针的处世技巧保全了自己。

鬼谷子说："捭阖之道，以阴阳试之，故与阳言者依崇高，与阴言者依卑小。以下求小，以高求大。"意思是，捭阖的手段必须从阴阳两方面来理解和实践，以下求小，以高求大。"捭阖"的本意就是开闭的意思，鬼谷子就是从"开合"的观念上来阐释世上万物发展变化的规律的。

"开"，指敞开心扉发表自己的意见，采取积极的行动；"合"，则是以沉默的态度来应变。灵活运用"开"与"合"的法则，才可以有效地掌握对方的动态，进一步实施自己的计谋并获取胜利。

大丈夫要学会相时而动，趋利避祸，这样才不至于被人算计，遗恨终生。所以很多时候，自己明明有才能、有见地、有抱负，但也不表现出来，而要表现得很低调。

古人讲："世无可敌，则深隐而待时；时有可抵，则为之谋。可以上合，可以桧下。能因能循，为天地守身。"意思就是说当世道不需要"抵"的时候，就把自己隐藏起来，等待更好的时机；当世道产生可以"抵"的弊端时，对上层可以合作，对下属可以起到督查的作用，有所依据，有可以遵循的东西，这样就可以成为天地的守护神了。

由此看来，在处事的过程中如果不具备可以"抵"的条件，那么就要采取韬光养晦的策略，隐藏自己的锋芒，等待更好的时机再展露自己的锋芒。暂时蛰收自己的锋芒并不是消极回避，而是有智慧地应对敌人的一种策略，一种谋略，时机一旦成熟，将集中自己所有精力一举攻破对方。

生活中很多人都很要强，追求卓越，因而经常锋芒毕露，不自觉就会抬高自己，怎样才能保持低姿态呢，这需要一个很好的心态。

第一，在心态上要低调。当你取得成绩时，你要感谢他人、与人分享。大度睿智的低调做人的态度会使人终生感激。不把自己太当回事，就不会产生自满心理，才能不断地充实、完善自己，缔造完善人生。生活中如能降低一些标准，退一步想一想，就能知足常乐。

第二，在姿态上要低调。低调做人是一种进可攻、退可守，看似平淡，实则高深的处世谋略。懂得谦卑的人，必将得到人们的尊重，受到世人的敬仰。表面上甘为愚钝、甘当弱者，实际上是精于算计的隐蔽，它鼓励人们不争先、不露真相，让自己明明白白地过一生。毛羽不丰时，要懂得让步。低调做人，往往是赢取对手的资助、最后不断走向强盛、伸展势力再反过来使对手屈服的一条有用妙计。

2. 任何时候不往枪口上撞

人生的智慧在于进退得当，非要硬着头皮撞墙、撞石头，就会撞伤自己。在许多关键时刻，撞到了枪口上则会被打入底谷，甚至丢了身家性命。

每个人都有心绪糟糕的时候，在这种情况下做任何事，都不得要领，容易与人发生摩擦。与人交往，要注意对方的情绪状态，千万别往枪口上撞。与人往来，你要懂得大家的心理契约，掌握身边人的心理状态，唯有把握好火候，不冲撞他人，才容易被认可、被支持，成大事。

曹操派人建造了一座花园，完工后他亲自去察看。工匠等待曹操的视察意见，只见曹操在门上写了一个"活"字，就离开了。

大家不明白其中的深意，就问杨修。杨修解释说，"门"里面添一个"活"字就成了"阔"字，这分明是嫌门太大了。于是，工匠们马上进行改造，果然赢得了曹操的赞许。

后来，曹操带领兵马和刘备在汉中交战，一时间陷入进退维谷的境地。这天晚上，曹操正在喝鸡汤，看到碗里鸡肋，发出一阵感叹。这时夏侯惇进来请示夜间的军号，曹操就随口说："鸡肋"。

夏侯惇不明白其中的意思，就请教杨修。杨修连忙解释说："鸡肋者，食之无肉，弃之有味。现在我们进不能胜，退又会遭到他人耻笑，所以不如早点回去，魏王是想班师回朝啊。"夏侯惇听了，满意地点头，一时间大家都收拾东西准备回家。

看到这种情形，曹操十分吃惊。听说这是杨修的主意，他不禁勃然大怒，于是下令把杨修斩首了。

才华横溢的杨修处处招摇，早就引起了曹操的猜忌。如果说，杨修猜中了"阔"字的含义，还能让曹操忍受；那么，参透"鸡肋"的玄机，并散布退兵的言论，就犯大忌了。因为，这是军事斗争，关系到曹军的生死存亡。曹操固然有退兵的打算，然而毕竟只是内心的犹豫；杨修竟然自作聪明，告诉夏侯惇收拾行囊，这是在扰乱军心，一下子撞到了曹操的枪口上，所以杨修被杀也就丝毫不奇怪了。

许多人身上都有"杨修"的影子。他们或许能力出众，或许才智超群，但是这份自信让他们迷失了方向，恣意妄为，最后分不清场合撞到了枪口上，引来不必要的灾祸。与其说他们是恃才傲物，不如说是骨子里沉不住气，缺少回旋机变的本能。因此，他们在职场上不经意间冲撞了上司，在情场上背离了人心，最终都没有好下场。

这提醒我们，在处置各种关系的时候，你要拿捏好分寸，对各种情势有准确的判断，千万别哪壶不开提哪壶，一旦犯了忌讳，就要吃大亏了。比如，向上司提建议就有很大的学问。一定要选择时机，千万不可在他心情很坏的时候去做。道理很简单，上司每天忙于工作，苦不堪言，有时还有许多生活中的烦恼缠绕着他。

心情好的时候，有些建议尽管不太中听，他还是能接受的。假如他工作没做好或者家中有什么不快的事，他正憋着一肚子火无处发泄，你这时提建议，特别是刺耳的良言，那就正好撞在枪口上。或许你的建议他以后采纳了，但他不会记着你的功，反而会因为你当时戳着他的痛处而嫉恨你，甚至找机会报复你。

往枪口上撞的错误在于，逆势而行。逆着趋势去做，干什么都不会有好结果。从心理层面来看，你要清楚关键人物对彼此关系的判断，以及心理期望是什么。当他极力反对某件事，特别不认同某种关系的时候，你还提出相反的行动计划，必然遭遇当头棒喝。

其实，做任何事情，一定要看清时局，把握好对方的心意。明知形势不对，想好的话不便说，如果还由着性子鲁莽行事，而不懂得从长计议，那么到头来必然把关系搞砸，吃亏的是自己。

从另一个角度来看，凡事都应顺势而为，而不是逆流而上。这是大自然的一般规律，也是生活的智慧。无论遇到什么情况，不往枪口上撞都是应该秉承的一个基本原则。看云识天气，察言观色，道理都是相通的，体现的是顺流直下、势如破竹的智慧。

3. 锋芒毕露的人，没有好果子吃

一个人的成功依靠什么？看看你身边的那些功成名就的人——著名的企业家、出名的律师、优秀的工程师、医术高超的医生，是否专业技术都是最强的？答案是否定的。他们的技术、才干固然高超，但那只是成功的一部分原因，还有一个重要原因是他们善于做人处世，懂得在激烈的竞争中巧妙地推销自己，而不是一味地争强好胜。

社会环境非常复杂，难免会遇到形形色色的人，各种各样的挫折和磨难，为此要有一套求生存、谋发展的真本事，才能立于不败之地。其中，首要的一

点就是为人处世不可太张扬，避免事事锋芒毕露，否则会让自己四面树敌，寸步难行。

收敛锋芒，收起高傲，低调做人是一种品格，一种风度，一种修养，一种胸襟，一种智慧，一种谋略，是最佳的姿态。低调作为一种古老的智慧，谦虚谨慎的做人态度和宽容谦逊的处事风格，不喧闹、不造作、不沾染是非，不招人嫌、不招人嫉，即使能力高于他人也要注意藏拙，与人和善。

当年，关羽是蜀汉名将，与张飞一同被称为万人敌。"温酒斩华雄""过五关斩六将""单刀赴会"无一不是他英雄的写照，但是他最后却败在了一个被视为"孺子"的吴国将领手中。

建安二十四年，关羽围襄樊，曹操派徐晃前来增援，东吴吕蒙又偷袭荆州，关羽腹背受敌，兵败被杀。究其原因，就是他不懂"方圆"的人生哲学。关羽有万夫之勇，为人却盛气凌人、不识大体，只有少数人才被他放在眼里。开始，关羽排斥诸葛亮，后又排斥黄忠，又与部下不和。他最大的错误就是和盟友东吴闹翻，破坏了蜀国"北拒曹操，东和孙权"的策略，使蜀吴关系不断恶化，最后落得败走麦城、身败名裂的下场。

社会就是一条溪流，在你刚刚踏入的时候，你只是一块棱角分明的石头。随着时间的推移，你会遭遇各种锤炼，慢慢地被研磨平整，最后变成了一块圆滑的鹅卵石。归根到底，这都是做人和做事必经的修炼，一个人不能要求社会为他而改变，只能主动去适应社会。

水至清则无鱼，人至察则无徒，铁至刚则易折，人至方则易伤。做人做事棱角分明，意味着和他人的碰撞、摩擦，总会有意无意地让人感觉不舒服，而圆润的外表更易于让人接受。不懂得"外圆"的人，缺乏驾驭感情的意志，棱角分明，斤斤计较，哪怕有凌云壮志，绝顶聪明，往往也会碰得头破血流，一败涂地。

鲜花盛开无非两种结果，被人采摘或走向衰败。人生亦是如此，所以当志得意满时，切不可趾高气扬，目空一切，不可一世，否则将成为众矢之的。不管你是如何的才华横溢，都一定要谨记，不要将自己看得太重要，也不要高傲地认为只有自己才是救国济民的圣人君子。适当地收敛锋芒，不激起他人的妒忌与敌意，你才能活得更自在；也更安全。

燕王朱棣的部属葛诚被建文帝收买，骗朱棣入京（南京），建文帝本想将他扣留，但一时找不到借口，便又放他回了燕京。燕王一回，立刻装疯卖傻。

有一次出门几天不回，后来有人找到他，见他睡在泥淖里，把他扶起来，他还大骂："我好好睡在床上，干吗要搞我出去？"他在暑天穿着皮袍围着火炉还浑身打抖，说天气太冷了。燕王就是以此消除了建文帝对他的猜忌。最后朱棣在时机成熟时发动靖难之役，攻入南京，夺取了皇位。

之后，朱棣施展雄才大略、励精图治，发展经济，提倡文教，使得天下大治，并且宣扬国威，大力开拓海外交流，开创非凡的永乐盛世。

朱棣装疯卖傻只在明哲保身，等待一个合适的时机。这种等待是一种智慧，一种积蓄，一种至真至诚的攻防心计。只有等待时机，慧眼明察，才能走向成功。

生活中做人处事，也是这样，在有些时候不要过于暴露锋芒，低调处事，耐心等待，会给你带来很多意想不到的惊喜。因此，在时机尚未成熟时，我们都不能急不可耐。一味地急于求成，往往只会事与愿违。

著名教育家黄炎培曾经这样告诫儿子："和若春风，肃若秋霜，取象于钱，外圆内方。"外圆是指一个人做人做事要讲究技巧，圆滑通透，识时务，能进退自如，游刃有余。外方是指做人要有正气，有自己的主张和原则，不会被他人左右。以铜钱为比喻，把"外圆"与"内方"有机地结合起来。

方，是做人的根本，是堂堂正正做人的脊梁。但是，人立于世仅仅依靠"方"是不够的，过分的方正，棱角过于分明，反而会使自己受到更多的伤害。还需要有"外圆"的包裹，"方圆有致"才是智慧与通达的成功之道。对那些性格过于耿直的人来说，多一些圆润才是正确的修身之道。

4. 喜怒不要表露在脸上

有的人无所顾忌，喜欢把喜怒哀乐全部写在脸上。有一点不顺心的事，马上表现得很不高兴；而遇到高兴的事，欢喜之情也全部写在脸上。在情感上无法自控，显得张扬、招摇，往往容易引来各种非议和麻烦。

自古以来，凡是成功者很少有因外界的事物而亦喜亦忧的。当然，人有时会高兴，有时候不免忧愁，但千万不要被情绪所左右。有高兴的事，表现在脸上无妨，但悲哀的事就不要表现出来。因为将悲哀都表现出来，会促使情绪强烈化，而更不能忍受悲哀。如把愤恨表现在脸上，恨也会加倍。因此，特别是在待人处事时，要尽量做到不形于色。

"喜怒不形于色"，懂得控制情感及其表达，照顾到他人的感受与外界环境，是识大体的表现。许多时候，以冷静客观的态度来应付事情，才能在与人相处的过程中让人受用，在处事的时候恰到好处。这样的人去经商、做事，往往能把事情处理得很妥当，是干大事的不二人选。

在参政初期，罗斯福反对妇女参政，但是后来这一观念发生了变化。1912年，他在新泽西州的某个城市发表演讲，竭力鼓舞妇女参政议政。

"罗斯福先生您好，您五年前曾经反对妇女参政，为什么现在与当初的主张南辕北辙？请问，您有什么不可告人的目的吗？"台下的记者问道。

"我承认，以前我反对妇女参政，但那是多年前的事情了。几年过去了，地球都绕着太阳转了五圈，我的观念如果没有一点儿变化，那就太令人遗憾了！"

罗斯福坦陈了以往的失误，说道："我承认，以前是观念上的错误，但是现在我已经深刻意识到了正确的方向在哪里，所以大力鼓励妇女参政。"

罗斯福面对记者提问，主动承认了自己以前观念上的错误，并巧妙利用类比说明自己也要有所变化。经过一番耐心解释，他巧妙应对了尴尬局面，维护了个人尊严及"美国总统"这一光辉形象。

当你被大家认定是不会随便改变脸色的人时，人们可能早已在心里对你敬畏三分。无论别人如何骂你、嘲讽你、冷淡你，你都能默默忍受，连眉头都不皱一下，这种修养需要有相当的自信才可做到。当你失意或得意时，都能泰然自若，不表现出不悦之色或骄矜之色，旁人看来，也会觉得你很了不起。

在社会中安身立命，如果太轻易暴露自己的情感则容易受到伤害，人应该学会保护自己。不同的人有不同对人对事的态度，掌握一定权力的人，把自己的喜怒经常流露给下级，下级则会投其所好，从而掩盖事物真正的本质。普通人过于直率地表露自己的情感，则显得为人肤浅，也容易开罪于人。所以要控制住自己的情绪，不要过多地暴露出来。

此外，在人际交往中还要注意，不可跟别人随便交心。每个人都有不欲为人窥见的隐私，人的内心也有一个不欲为人所知的隐秘堡垒，在这个堡垒里，他是主人，有至高无上的权威，一旦这个堡垒被攻破，再也没有隐秘，他便会出现失去隐蔽物、暴露在众人面前和缺乏安全感的慌乱。而为了重建这个堡垒，他会离开攻破他内心堡垒的力量，甚至施以报复，消灭那个力量，以保持堡垒不再被侵犯。

人只有先求安身立命，适应环境，然后才能设法改造环境，顺利地走上成功之道。因此，说话小心些，为人谨慎些，对避开生活的误区，使自己置身于进可攻、退可守的有利位置，牢牢地把握人生的主动权，无疑是有益的。

在复杂的环境中，"知人知面不知心"，与人交流时切勿把自己毫不保留地暴露，不能不分时机地与他人交心，对上司、对同事、对朋友，甚至对兄弟、夫妻之间也都勿求知心，一定要切记："知心"不是美德，而是灾祸的种子！

实践表明，喜怒于形，不仅容易受到伤害，也把自己的喜好等告知了他人，成为他人的把柄，也显示自己没有城府。要善于调控自己的情绪，不要将自己的喜怒轻易地外放，只有这样才能在与人相处中保持一个从容自若的形象，能够很好地保护自己。为此，你应做好如下两点。

第一，对外交往中，应该具有从容镇定、成竹在胸的泱泱大风。如果把持不住露出感情，如同自掀底牌一般，容易被对方控制，而屈居下风。

第二，遇到挫折或麻烦事，如果你露出不安的表情或慌乱的态度，不但会失去正常思考和判断的能力，也会影响到身边的人。凡事保持若无其事的冷静态度，最能撑住局面，找到解决问题的方法。

5. 功高震主是成功的大忌

中国有句古语"枪打出头鸟"，中国的古训也说"谦受益，满招损"，这里"打出头鸟"和"损"人者都是那些有能力扶植和打击别人的人。在中国社会中你如果不谦虚就会遭到别人的嫉妒，群起而攻者有之，暗地中损人者有之，所以说"木秀于林，风必摧之""直木先伐，甘井先竭""山突起则丘陵妒"。

"大智若愚"被智者封为圭臬，真正有智慧的人往往表现得很愚笨，他们通过装糊涂来掩饰自己的聪明才智，似乎丝毫不对他人构成威胁。这种表现只是想要达到积蓄力量、保护自己的目的，而他们这种低调的人生态度，却常常能够赢得人们的好感，从而真正做到了保护自己。

古人很早就意识到，不论任何好事，都要守住自己的本分，绝对不可以功高震主，否则轻的招致他人怨恨，重的甚至会惹来杀身之祸。在中国历史上，有一种非常奇怪的现象：有大功于社稷者为了消除帝王的猜忌，常采用自泼脏水，把自己搞臭的方式，躲避灾祸，保全自己。

宋太祖即位以后，手握重兵的两个节度使起兵反对朝廷，后来经过艰苦的斗争才平定下来。这件事给宋太祖很大警示，他找到宰相赵普商量对策。赵普说："藩镇权力太大，就会使国家混乱。如果把兵权集中到朝廷，天下就太平无事了。"宋太祖非常赞同赵普的意见，决定削弱地方的兵权。

过了几天，宋太祖在宫里举行宴会，石守信、王审琦等几位老将都来了。大家酒过三巡，开始无话不谈。宋太祖示意身边的太监退出去，然后和大家干了一杯酒，接着说："没有大家的帮助，我不会有今天的地位。但是你们可能想象不到，做皇帝也有许多苦衷啊，有时候还不如你们自在。说实话，我好久没有睡过安稳觉了。"

大家听了知道里面隐含着内情，就问其中的缘由。宋太祖仍旧不露声色："人们都说高处不胜寒，我站在很高的位置上已经感觉到寒意了。"石守信等人知道宋太祖担心有人篡夺他的皇位，非常害怕，于是站起来跪倒在地上："现在天下已经安定了，没有人对陛下三心二意啊！"

宋太祖摇摇头说："你们和我南征北战，我自然信得过。但是如果你们的部下为了攫取高位，把黄袍披在你们身上，会出现什么情况呢？"石守信等人听到这里意识到大祸临头，连忙害怕地求饶："我们愚蠢，没有过多考虑，请陛下给指条明路吧。"接着，宋太祖让他们做地方官，添置足够的房产安度晚年，最终削去了大家的兵权。

对许多聪明人来说，人生的最大害处不在外部，而在自己。一旦做出一番事业，就难免会居功自傲，而这样做的下场往往比无所作为的人更惨。所以，一个有修养的人应该知道居功之害。

历史上有很多因为功高震主而遭遇劫难的人，在现在这个竞争激烈的时代，要遵循前人的教训，维护上司的权威，在做任何事情的时候，都要让上司高你一筹，这样可以很好地保护自己。

现代社会，当聚光灯都照在成功的部属身上时，领导者如果胸襟不够宽广，就会产生不易平衡的心理压力。有些领导者甚至会排挤即将出头的部属，因为他认为成功的部属让自己丧失了"光环"，这便成为另一种"功高震主"的来源。

"功高震主"除了领导者的因素外，还有部属本身的原因。能干的部属往往也有以自我为中心的心态，尤其当他对组织有重大贡献的时候。高度自我中心的人，会认为组织没有他不行，在言行当中展现了这种倾向，而冲击到上司的地位。即使没有实际上威胁到上司的权威，也会在上司的心理上产生压力。

当所有的聚光灯全部都聚集在一个下属身上时，作为领导肯定脸上挂不住，竟然被一个不起眼的小人物抢去了风头，心中一定千般万般地不乐意。而这样一来，身为下属的日后肯定仕途不顺，少不了吃苦头。

维护上司的面子尤为重要，面子和权威之间有着密不可分的联系，根本在于它们与上司的能力、水平、权威性密切挂钩。平时要注意给上司保留面子，在关键时刻给上司争面子，给上司脸上贴金，锦上贴花，多增光彩，取得上司的欢心和赏识。

记住，上司永远比你位高权重，不可让他感受到你的威胁。因为"功高震主"，许多人吃了大亏，这种教训是惨痛的。那么，怎样避免这种情况的发生呢？如何在职位跃升的基础上求得自保？下面这些建议值得牢记。

第一，严格要求自己，做到遵纪守法。遵守法令，严格地约束自己，在一个组织里，注意按照规则办事。

第二，学会把荣誉让给别人，谦虚为人。不要居功自傲，要时时谦让，功成身退，可得善始善终。

第三，凡事多请教他人，不卖弄小聪明。在做事之前一定要主动向你的上司请教，探听他的意见，这样在办事时就有所凭借，既能保全自己，又显示了自己的谦虚。

　　第四，不借用手中权力为自己谋取私利。不把自己的私利参与进自己所执掌的权力中去，才能避免引来利益之争。

　　第五，具备功成身退的大智慧。位置越高，权力越大，怀疑猜忌的人越多，不可不防，不可不早做撤退的打算。

第六章 舍得心计学：有一种胜利叫
撤退，有一种失败叫占领

人生犹如背着背包旅行，放进什么，舍弃什么，直接决定了我们背包的重量和我们人生的轻重。选择什么样的生活全在于我们自己。学会让我们的人生变轻，就要舍弃那些沉重的东西。这个道理我们都懂，关键在于是否都能付诸实践，求得轻松。

1. 学会辩证地看待得与失

人生在世，可以取舍实乃一种智慧。今天，人们面对的选择与诱惑越来越多。在这样的环境下，光得不失、贪大求全成了一些人的流行病：做学问的总想搞出大而全的"体系"，做生意的唯恐遗漏任何一个赚钱的机会，就连吃喝宴请也要讲究"十全大补"。

但是，又有多少人会想到人的时间、精力是有限的，一味地贪大求全、患得患失，什么好处都想得到，最后难免顾此失彼，失去更多。

有的人斤斤计较，其实是私欲在作怪。欲望是非常可怕的，欲壑难填、得陇望蜀，这山望着那山高。古人说："贪如火，不遏则燎原，欲如水，不遏则滔天。"人，如果受欲望操纵，"心为形役"，那将是万劫不复的。

对得和失，有时你无法掂量出谁是谁非、孰重孰轻。你失去了繁华的灯红酒绿，就获得了自由与惬意；你得到了名人的声誉和财产，就失去了做普通人的淡泊与欢愉。你在得到一部分的同时必然会失去另一部分。

有一对磨豆腐卖的老夫妻，每天起早摸黑，经营着他们的小生意。虽然挣钱不多，但生活稳定，家庭和谐美满。在他们隔壁住着一个富翁。富翁见一对穷夫妻过得那样快活，自己不快活，感到很难受，在心里说：叫你明天笑不出声。

是夜，富翁将一块金子扔进隔壁院中。第二天早晨，夫妻俩发现院中有一块金子，异常兴奋。但接下来，如何花费那块金子，却是个难题。当个富翁吧，金子太少；购置地产，改造房屋，金子远远不够；放在家中，又怕被人偷了去。夫妻俩商量来商量去，始终拿不出最佳方案开销那块金子。夫妻俩就这样守着那块金子发愁，屋里从此没了笑声。

生活就是这样，有所得就有所失。得到了金子，失去了快乐。得失之间未有定论。取舍是做人做事的一门艺术。俗话说，有舍有得，不舍不得；小舍小得，大舍大得；欲求有得，先学施舍。人生在取舍之间演绎着悲欢离合，成功与失败也在取舍之间轮回。把握好舍与得的机理，便把握住了人生的钥匙、成功的门环，人生的背包才会变轻。

要想让人生的背包变轻，就必须在爱与恨之间有所取舍。无法放下恨，只会让我们迷失方向，蒙蔽理智，错失宝贵的亲情、友情、爱情等等，甚至陷入无法自拔的僵局。而聪明人就会放开心胸，忘却恨，记住爱，平衡心态，轻松走出僵局，即使是眼前的困境也能大有改观，直至成就一番事业。

张华和刘方一起去旅行。经过一处山谷时，张华失足滑落，幸好刘方拼命拉他，才将他救了上来。于是，张华在附近的大石头上刻下了一行字：某年某月某日，刘方救了张华一命。

两人继续走了几天，来到一处河边，刘方和张华为了一件小事吵了起来，刘方一气之下打了张华一个耳光，张华跑到沙滩上写下一行字：某年某月某日，刘方打了张华一耳光。

不久，他们旅行回来了，有人知道了就好奇地问张华，为什么要把刘方救他的事情刻在石头上，却把刘方打他的事情记在沙滩上？张华回答说："我永远都感激刘方救我，至于他打我的事情，我会随着沙滩上字迹的消失而忘得一干二净。"

这是何等聪慧的一个人呐！也正是如此，相信他们的友谊一定会日渐深厚，直到天长地久。心胸开阔，宽容忍让，是为人处世的高境界，易于博得他人的爱戴和敬重。

生活中总是存在这样或那样的爱恨相互交织着。爱，让人痴迷；恨，却也让人疯狂。与人相处，记住爱，忘却恨，是一种较高的人生境界。没有解不开的梁子，不计私怨成大事，是个人、团队、国家取得进步和发展的智慧。为人处世，我们放下恨，记住爱，获得的就是无穷尽的宝藏。

选择拥有爱，放弃背负恨，也是在善待自己，宽恕自己，是从心灵上为自己的人生松绑。记住爱，忘却恨，去抓住属于我们的，争取我们想要的，人生才会有价值。因此，学会在爱恨间取舍，显得非常有必要。

2. 甩开一切束缚，学过减法人生

一位哲学家说："人生如车，其载重量有限，超负荷运行会促使人生走向其反面。"人的生命有限，而欲望无限。如此看来，学会辩证看待人生、看待得失是十分必要的。

许多人一直在做加法，对权力的渴望，对金钱的贪念，对成功的迫切使得人们为自己设置了很多的标准和束缚。舍得舍得，有舍才有得，大家都善于做加法而不会做减法，在多数情况下人们面对放弃都犹豫不决，难以抉择。

有时，我们也应用减法减去人生过重的负担，否则，负担太重，人生不堪重负，结果往往事与愿违。

有这样一位年轻人，拥有硕士学位，在单位里也算得上中高层了，但在事业上总是闷闷不乐，他听说某个寺庙里有位德高望重的老禅师，便去拜访，请其指点迷津。

这天，老禅师的徒弟接待了这位年轻人，但这位小徒弟的态度一点也不好，使他很生气，嘴里嘀咕着："你不就是一个小徒弟，也没什么本事，我一个硕士，你算老几，凭什么这样对我。"

后来，这位年轻人见到老禅师后，便滔滔不绝地高谈阔论，然后提出了自

己在事业上的疑惑："我一直在努力，从没放松过对业务的钻研啊！而且我的学历比其他同事们都高啊，他们连个学位也没有。最后他们反而得到老总的重用了，而我却不行，这一直困扰着我，大师，您说这是为什么呢？"

老禅师十分恭敬地接待了他，却一言不发，而是开始给他沏茶，这使年轻人更为不解。在倒水时，明明杯子已经满了，可老禅师似乎还没有停止倒水的意思，还是不停地倒。

"大师，大师，杯子已经满了！"年轻人慌忙提醒老禅师，而老禅师好像没听见他说话，还在一个劲儿地往杯子里倒着开水。

年轻人坐不住了，不解地问："大师，为什么杯子已经满了，还要往里倒？难道您没看见茶水溢出了杯子，并顺着桌子流淌开来，然后滴了下来吗？"

老禅师笑了笑，依然沉默，还是没有停止手里的动作，年轻人愁眉深锁不知所措。他一把端起那杯茶，"哗"地泼向了门外，并大声地向老禅师说："大师，已经满了，还倒什么呢？"

接着老禅师又把茶水倒满，并说："是啊，既然已满了，干吗还倒呢？一个有很多想法的人就如同倒满了水的杯子，怎么有空间来接受别人的想法呢？"

这位年轻人似有所悟，端起茶杯一饮而尽。

老禅师还是把年轻人的茶杯满上，问："你会喝茶吗？"

年轻人回答说："不会。"

"那就先学喝茶吧。"老禅师笑了笑。

年轻人对老禅师的话非常不解，问道："大师，喝茶还要学吗？"

老禅师指着面前的杯子说："你的心就像这个杯子，已经被装得满满当当的了，不把茶喝掉，不把杯子倒空，如何装得下别的东西呢？"年轻人终于明白了此中禅意，惊喜地叫了声："我明白了！"然后向老禅师深深鞠了一躬，转身而返。

如果想得到更多的学问，必须有一个好心态，首先把自己想象成"一个空着的杯子"，只有这样才能用"减法"去迎接人生新的可能，并不断装下新的欢喜与感动。

有一本书已经给过我们这样的启示，那就是海伦·凯勒的自传《假如给我三天光明》，人们都会选择做最关键、最紧要的几件事，甚至只有一件事。那些平时在脑海中盘旋的杂念瞬间被理智抽走，只有那最重要的事情能牵动你的情绪。

其实，在我们做出选择的时候就领悟了人生的真谛。其实质就是要抛开束缚，过减法人生。学会做减法，就是要延展人生的厚度，提升人生的高度。

陶渊明毅然决然地离开了官场，回到家乡亲自在农田耕作，过着悠闲自在的田园生活。正是因为他果断地舍弃了在朝为官能够收获的优厚俸禄，才能过上潇洒、安静、洒脱的田园美好生活。陶渊明勇敢地为自己的人生做减法，抛弃那些无所谓的厚重包袱，才有了他安逸的晚年生活。

人要学会成长就必须当舍则舍，当断则断，脱掉厚重的行囊轻装上阵。要丢掉束缚，过减法人生，以一种平和的心态面对生活，不以物喜，不以己悲，不做世间功名利禄的奴隶，也不为凡尘中的各种烦恼所左右，提升自己人生的高度。

给人生做减法，给阳光的记忆留点空间。想想什么才是人生的终极意义，对于你来说什么才是你魂牵梦绕的理想之地。凡事都要有一个度，过分痴迷，过分追求往往会适得其反。懂得运用人生的减法，张弛有度才是大智慧。

3. 培根定律：分享让快乐加倍，分担让痛苦减半

培根说过一句话："只要你和朋友分享快乐，就会有两份快乐，和朋友分担忧愁，你就只剩下一半忧愁。"所以，如果你情绪不好，或受了委屈时，应多向父母、朋友倾诉。

科学研究告诉我们，调节自己心情最好的方法就是找到知心的人倾诉和沟通。科学证明，在一起交谈的两个人会慢慢达到同样的心理状态（喜怒哀惧）和生理状态（体温、心跳等）。

凡事想开点，多与人沟通，自然容易收获快乐。不做与世隔绝、与人隔绝的人，因为那样的人是特别苦闷的。与人沟通，分享的是快乐，分担的是忧愁，那么生命中的风雨就会少一点，彩虹就会多一些。快乐与悲伤都是会传染的，快乐在传递中累积，悲伤在分担中锐减。

分享与分担是朋友之间必须恪守的警戒线，也是人与人之间生存的法则，不可改变。一旦没有了分享与分担的分寸，和睦关系也将面临崩溃。

庄周有"晓梦迷蝴蝶"的大境界，其实就在于他会分享，他是一块胶泥，他能融入万物而寂静无声，他与万物分享着心灵的一方净土，分享着每一寸阳光，即使在两千多年后的今天，我们依然可以从"构建和谐社会"中找出他思想的影子。

学会分享，不光是人与人之间，人与自然界万事万物之间也要学会分享。分享与分担是不可分离的，学会分享快乐，也要学会分担痛苦。

那位拥有一颗圣洁之心的修女德兰，总是慷慨地与那些苦难的孩子、与穷人们分享自己的所有，让疼痛减轻，让关爱延续，她分担着人们的痛苦，在分享与分担中缓缓徐行，认清自己该做些什么，让那些本来生活在地狱中的人们看到了希望的天堂曙光。

生命，不一定是在辉煌中分享，在浩劫中分担更显深刻。我们的人生中会遇到许许多多的小快乐和小困难，即使是小事，哪怕再平凡，我们也可以与身边的人一同分享与分担，因为在人类的生命里，只有一个季节，那就是爱的季节。是分享与分担，让我们的生命变得深情而肃穆。

没有分享与分担的精神，就没有一个活着与存在的意义，只能等着自私自利最终将自己啃食干净，孤独地走向既定的悲惨命运。

无论是驱逐悲伤或是获取快乐，我们都需要从倾诉和沟通中得到正面的激励。最自然的沟通对象可能是你的亲人，特别是你的父母。经验表明，所有的父母都愿意听孩子的倾诉。但是，"在家靠父母，出外靠朋友"，所以我们也需要和知心朋友沟通、倾诉。交朋友时不要只看朋友的嗜好和个性，更重要的是，你需要一些会鼓励人的、乐观的、幽默的、诚恳的、有同理心的、乐于助人的、愿意听人诉说的朋友。

古往今来，俞伯牙与钟子期在高山流水间相遇，诉说着感天动地的友情；梁鸿与孟光举案齐眉、相敬如宾，诉说着亘古不变的爱恋；邓小平与卓琳一生三起三落，始终不离不弃，一同分享和分担的执着……

因此，希望每个人在寻找好友的过程中，也让自己成为这样一个会鼓励人的、乐观的、幽默的、诚恳的、有同理心的、乐于助人的、愿意听人诉说的人，并尽力去帮助你周围的亲人和朋友。唯有更多人愿意付出，快乐才能更迅速地通过人际网扩散。

4. 好汉专吃眼前亏，舍小利才能取大得

俗话说"若欲取之，必先予之"，凡事都有所失也有所得。世事的两面性也向我们阐释了这样一个道理：有时候吃亏也是一种投资。在明显的差距和不利形势面前，能吃得眼前亏的方是好汉。

吃亏就是福，实质就是舍小利取大利。舍小利以谋长远，关键在一个"舍"字，只有舍得，才能获得。有智慧的人都懂一个道理：吃亏就是占便宜。面对直接的利益损失，一个人懂得隐忍才能等来福报，获取更大更多的利益。

但可惜的是，现实中急功近利的做法屡见不鲜。许多人在追逐眼前利益的时候往往不能预料到日后长远的行动方向，因此常常"因小失大"。

有一个修自行车的摊子，位于比较繁华的十字路口，来往的车辆和行人很多。摊主是一位老大爷，手艺不错，人也老成持重，就是收费有点高。打个气都要1角钱，修理费也比别人高不少。

因为附近只有这么一个修车点，所以人们往往还不得不请老大爷修车。老大爷的生意不算红火，但因为收费高，收入也不会太差。

后来，在离老大爷约150米的一条胡同里，一个年轻人也支了个修车摊。不用说，位置比老大爷的差远了。人也长得一般，没有让人一见就会产生信任的感觉。但年轻人很热情，收费也很便宜。打气自然是不要钱了，其他小来小去的毛病也往往手一挥就算了。年轻人修车非常认真，不但将你要修的毛病修得稳稳妥妥，还会捎带着将车上的其他毛病一块儿查出修好。

因此，年轻人的生意越来越好，一般总有几辆车停在旁边等待修理。而老大爷的生意就越来越差了，开始几天还见他默默守在摊前无所事事，后来连人也见不着了。

尽管最初看起来，那位年轻人是吃亏的，不占便宜，还在一些小活上不收钱，但是从长远来看，因为他吃亏，所以大家都去他那里修车，赚取了很多回

头客，回头客多了，自然接的活也多了，自然占了最大的便宜。

正像有的成功人士说的那样，做生意，最忌目光短浅，只算小账而不算大账。世界上没有白吃亏的，有付出就有回报。如果你能够平心静气地对待吃亏，让自己的度量大一些，从长远的角度思考问题，那么你就会发现吃亏就是福，还是一种商业投入。

因此，世上任何事都具有两面性，一面吃了亏，另一面必定有便宜可占，关键看自己取哪一面，毕竟，鱼和熊掌兼得只是一种理想状态。因此，应把目光定在长远利益上，如果长期利益和短期利益相矛盾，就要牺牲短期利益，这是成功的关键。

股神巴菲特在谈到自己"滚雪球"盈利的时候，就曾经谈及在最初投资阶段的不如意，但他面对不顺心，面对蝇头小利却不动心，舍小利以谋远，终成伟业。舍小利以谋长远，懂得舍得，才是发展之道。

可持续发展的提出正是提倡人们关注自然更长久的考虑，不因急于发展经济而难以谋远，不为未来更进一步考虑。生活中变通思考的人，善于从丧失小利益中学到大智慧，舍小利为大谋也是一种哲学思路。

古人说"吃亏是福"，或者说"吃亏就是占便宜"，是有着丰富文化内涵的。有时候，吃的亏是明显的、表面的，但占的便宜却是无形的、长远的。

吃亏是福气，更是一种智慧。它显示了一个人的胸襟，对得失的态度，以及对未来的预见性。一个人对另一个人采取忍让的策略，善于吃亏的人，必定能成大事。吃亏有以下几大好处：

第一，只有目光长远者才敢吃亏。在人际交往中，没有人愿意和太精明的人打交道，因为那样会显得自己很傻，总占别人小便宜毕竟是一件让人觉得不舒服的事。反倒是甘愿吃点小亏的人能够吸引更多的合作者，能保持相对长久的合作关系。

第二，有智慧的人肯吃亏。主动"吃亏"是一种善于抓心理弱点的智慧。当你自愿显得有点"傻"时，别人既喜欢和你在一起衬托出自己的聪明，又不用担心你有深藏的企图。在所有商人力求更精明的时候，反其道而行之，不能不说是一种智慧。

第三，有勇气的人才敢吃亏。当"傻子"的时间越长，得到的利益越多。对于商人来说，赚得利益是最重要的，只要合法，无所不为。更何况现在的"傻"是"实在"的代名词！一个厚道的人，得到的远比失去的多。

5. 拿得起放得下才是聪明的姿态

因为放不下诱人的钱财，而费尽心思，结果常常是作茧自缚；因为放不下快要到手的职务、待遇，而整天东奔西跑，结果却不尽如人意；因为放不下权力的占有欲，而行贿受贿，溜须拍马，不惜丢掉人格和尊严，铤而走险，一旦事情败露，身败名裂，后悔莫及。

在现实中，我们都让自己承受了太多的东西，很多时候，似乎哪一样我们都放不下，也不舍得放下。

在生活中，学会"得到"需要聪明的头脑，要学会"放下"却需要勇气与智慧。放下牵绊，人生的背包就会变轻，生活就自在；放下过度的执着，人生的道路就会更加宽广。

齐国的大将田忌，很喜欢赛马，有一次，他和齐威王把各自的马分成上、中、下三等。比赛的时候，要上马对上马，中马对中马，下马对下马。由于齐威王每个等级的马都比田忌的马强得多，结果，田忌都失败了。

比赛还没有结束时，田忌就垂头丧气地离开了赛马场，这时，田忌抬头一看，人群中有个人，原来是自己的好朋友孙膑。孙膑招呼田忌过来，拍着他的肩膀说："我刚才看了赛马，齐威王的马比你的马快不了多少呀。"孙膑还没有说完，田忌就瞪了他一眼："想不到你也来挖苦我！"孙膑说："我不是挖苦你，我是说你再同他赛一次，我有办法准能让你赢了他。"

田忌疑惑地看着孙膑："你是说另换一匹马来？"孙膑摇摇头说："连一匹马也不需要更换。"田忌毫无信心地说："那还不是照样得输！"孙膑胸有成竹地说："你就按照我的安排办事吧。"

齐威王屡战屡胜，正在得意扬扬地夸耀自己的马匹的时候，看见田忌陪着孙膑迎面走来，便站起来讥讽地说："怎么，莫非你还不服气？"田忌说："当然不服气，咱们再赛一次！"

这次比赛，孙膑先以下等马对齐威王的上等马，第一局田忌输了。齐威王站起来说："想不到赫赫有名的孙膑先生，竟然想出这样拙劣的对策。"孙膑不去理他。

接着进行第二场比赛。孙膑拿上等马对齐威王的中等马，获胜了一局。齐威王有点慌乱了。第三局比赛，孙膑拿中等马对齐威王的下等马，又战胜了一局。这下，齐威王目瞪口呆了。比赛的结果是三局两胜，田忌赢了齐威王。

还是同样的马匹，由于调换了一下比赛的出场顺序，就得到转败为胜的结果。这里孙膑巧妙地运用放下的智慧，理智地舍弃了下等马，反而以绝对优势取得了成功，正所谓有所舍亦有所得。

很多时候，我们不懂得放弃不属于自己的东西，总是对它们念念不忘，这样，对生活中已有的东西也视而不见，忘记了原本就属于自己的幸福生活。

因父母不能给我们更好的家境而气愤，因自己的容貌不够突出而怨天尤人，因子女不能出类拔萃而伤心……我们的快乐越来越少，笑容越来越少，变成了欲望的奴隶。其实，这些不满足都是源于我们自己的心理状态，源于我们不懂得放弃那些不属于自己的东西。

有一位诗人说过："放弃是一种解脱，只有放弃困扰，我们的思想才能解放；只有放弃了思想包袱，我们才能面对种种困难。"不会放下，就只能被所谓的"执念"套牢，背着沉重的心理包袱，人生之路进退两难。

有欲望是好的，它可以督促我们努力奋斗，但是过分地放纵自己的欲望，只会因此而付出代价。得到，不一定是最明智的选择，而放弃不一定就是错误的。

生活中最大的财富在于体会到更多的快乐，就是心态平和，没有过多欲求。要想做到这些，只有放下贪婪之心，放弃那些不属于自己的东西，做一个知足常乐的人。

第七章 方圆心计学：做得恰到好处，赢得圆圆满满

"中庸"要求人们在事物的两个极端之间选取或者把握一个中道，并可以在人们的日常生活中随时随地加以实践。对今人来说，做人做事遵循"中庸之道"的技巧，能够达到不偏不倚的效果，避免"过犹不及"的尴尬，将事务处理得妥帖圆满。

1. 不偏不倚是一种人生境界

在社会上行走，如临深渊，如履薄冰，应尽量减少"福中祸"的苗头。要做到这一点，就要取道中庸。世事纷扰，更何况官场险恶。自以为老子为大，左右冲撞，早晚得碰壁。退一步，海阔天空。任凭风吹浪打，总能立于不败之地。

"中庸之道，不偏不倚"，意思是做事情的时候要不偏激、不偏向于某一个方面。理论上的说教并不能代替现实的复杂，我们必须根据客观情况采取灵活的对策。

道家主张的有所为、有所不为的原则，也与"不偏不倚，中庸之道"有异曲同工之妙。而佛家则主张"不要执着于有我与非我"，也是要求人们在"中庸"的道路上行进可以有美好的前景。这些金玉良言都是对个人性格培养有益的谆谆教导。

竹林七贤中的阮籍是一个坚持中庸大法，抱朴守拙、不偏不倚的人。他崇尚老庄又不能不入仕，轻蔑礼法又不能完全跳出礼法的拘束。有浓重忠君正统思想的司马光在《资治通鉴》中评论这些人"皆崇尚虚无，轻蔑礼法，纵酒昏酣，遗落世事"。

阮籍表面上不遵礼法，有种种似乎荒唐表现。然而阮籍曾替人写过劝进表。魏天子曾加司马昭"九锡"，司马昭假意推辞，司马昭手下公卿劝进，指定阮籍执笔，阮籍大醉忘了这件事。公卿们准备入府劝进时，派人来取劝进表，来人见阮籍仍伏案醉眠，便催问他，他当即伏身将劝进表写在书案上，命那来人抄录，文不加点而言辞清壮，甚为时人所称道。

阮籍有他自己的个性与做人原则，这招致他曾被许多人陷害，但是阮籍有他不偏不倚的有效的避祸措施，这也是他平安度过一生的保障。可见中庸之道在生活中关系之重大。

做人做事有学问，其中很重要的一点就是不偏激。对此，我国古代先哲有过明确的教诲，这就是儒家倡导的中庸之道。

"中庸之道，不偏不倚"，意思是做事情的时候要不偏激、不偏向于某一个方面。因为，理论上的说教并不能代替现实的复杂，我们必须根据客观情况采取灵活的对策。

《三国演义》中，马谡丢失街亭，使蜀军失去了重要的战略据点，陷入了被动局面。显然，马谡的失败在于他独断专行，不善于倾听他人的意见。

当时，马谡察看地形后，提出了"山上扎营，布置埋伏"的主张，王平也提醒说："丞相临走的时候嘱咐过，要坚守城池，稳扎营垒。要知道，在山上扎营太冒险了。"但是，马谡根本不把王平的劝告放在心上，结果遭遇了惨败，这是不能"兼听"的教训。

历史上，"指鹿为马"的赵高、"口蜜腹剑"的李林甫、陷害忠良的秦桧、两面三刀的严嵩……都是环绕在皇权周围的小人，那些帝王一旦听了他们的话，就会给国家和社会带来巨大危害，这是偏信的结果。

而在企业管理过程中，不少领导者都有一意孤行的癖好，除了自己的意见外，根本就听不进别人任何有益的进言。而当别人有意见的时候，他们也常常命令别人保持沉默。其实，一个独断专行，听不进不同意见的领导者，是非常可怕的。

"独裁者"往往会非常自信地说自己的独断是一种果断，因为自己比一般人能力更强，更有远见。在企业中，你是最高的领导者，别人没有任何的办法，他们只能一切按照你说的去做。有时候领导者的个人决策是正确的，甚至是非常卓越的。但是作为一个大企业的领导者，你可千万别以为你的任何决定都是正确的，更不能认为你是唯一正确的。

可见，听取不同方面的意见，国家才能兴旺发达，企业方可长盛不衰。当年，唐太宗问魏徵："历史上的国君，为什么有的明智，有的昏庸？"魏征回答说："兼听则明，偏信则暗。"太宗听了魏徵的话，连连点头称好："明主思短而益善，暗主护短而永愚。"

2. 别硬碰硬，遇事学会躲闪

所谓"退一步，海阔天空"是一种自我调节心理平衡的思维方式。人们在生活中难免遇到一些不遂自己意愿或与自己意愿相反的事，我们唯一需要做的就是，改变一下自己看问题的角度及原有的"以我为中心"的思维方式，往往能减轻或消除给自己造成的心理压力。

老子在《道德经》里指出："柔之胜刚也，弱之胜强也，天下莫不知。"在这里，老子认为"以柔克刚"是一种高超的处世之法。

事物总有强大和弱小的情况，并且它们是相互转化的。从柔弱的一方来说，战胜强大的对手不是不可能，而且是事物发展的一个方向。善于把握双方力量的对比，掌握以柔克刚的技巧，是明智的。

明朝正德年间，朱宸濠起兵反抗朝廷，朝廷派王阳明率兵征伐，一举擒获了朱宸濠，为朝廷立了大功。

当时，受正德皇帝宠信的江彬十分嫉妒王阳明的功绩，以为他夺走了自己建功立业的机会，于是就四处散布流言："最初王阳明和朱宸濠是同党，后来听说朝廷派兵征伐，才抓住朱宸濠自我解脱。"

王阳明听到这个消息之后，就与总督张永商议道："如果退让一步，把擒获朱宸濠的功劳让出去，就可以避免不必要的麻烦。假如坚持下去，不妥协，江彬等人很可能狗急跳墙，做出伤天害理的勾当。"

所以，王阳明将朱宸濠交给张永，使之重新报告皇帝：擒获了朱宸濠，是总督军门和士兵的功劳。这样一来，江彬等人也就无话可说了。

王阳明以退让的方法，避免了飞来的横祸。当时，王阳明称病到净慈寺修养。张永回到朝廷之后，大力称颂王阳明的忠诚和让功避祸的高尚之举，正德皇帝终于明白了事情的始末，就免除了对王阳明的处罚。

以上事例说明，王阳明以退让之法顾全了大局，保护了自身的安全。面对变化多端的世界，让步有时是必要的，甚至是必需的。退让不仅是一种机智，也是一种坚忍的毅力和顽强的意志。一时的忍耐，将使狭隘的人生之路变得无限广阔。

在人生前进的道路上，做人也好，做事也罢，需要我们审时度势，灵活多变，必要时采用以"退"为"进"的策略。事实上，让步有时是必要的，而且它作为一种策略性的后退，是为了更好地向前迈进，而并非懦弱的表现。

著名培训大师曾仕强也曾指出，硬碰硬是不得已的手段，闪开些，会有回旋的余地。在团队关系上，无论是领导人，还是普通员工，与身边的人打交道，必须给自己留出回旋的余地，否则就是自掘坟墓。

遇事别硬碰硬，要学会躲闪，以柔克刚是一种有效的做人处事方式和斗争策略，可以帮助我们化解眼前的难题。

比如，在企业管理中，当下属产生抱怨时，领导人就可以安慰对方，然后倾听他的诉说，接着调查清楚事情的原委，进而采取有针对性的措施，如此就可以达到了以柔克刚的效果。当一个人得罪你的时候，他心里会有些愧疚，但是你也对他翻脸的时候，他就不再觉得有愧了。自己理直气和，这样，吃亏也是在占便宜。

人际交往中，在非原则的问题上或在自己应得的物质利益上，如果能以宽容之心对待他人之过，就能得到化干戈为玉帛的喜悦。对于别人的过失，虽然必要的指正无可厚非，但是若能以博大的胸怀去宽容别人，就会让自己的精神世界变得更加精彩。

3. 偏激的人总是走弯路

在《偏见的本质》一书中，美国社会心理学家戈登奥尔波特对"偏见"有过描述，是指"没有充分理由而消极地评价他人"。

受到偏见的影响，人们对世界做出缺乏理性思考的反应，盲目地行动，到头来误解了他人，也会伤害自己。令人担忧的是，很多人并没有意识到自己头脑中固有的偏见，仍旧在错误的道路上越走越远。

卡尔是一个黑人小孩，从小生活在美国纽约贫民区。虽然黑奴制度早就废除了，但是歧视黑人的观念仍旧根深蒂固。

十几岁的时候，卡尔因为在街上闲逛被警察抓住，而后入狱，受到了非人的虐待。在监狱中，遭受打骂是常有的事。后来，他实在无法忍受，便选择越狱，去当兵了。

在部队里，卡尔苦练拳术，因为他认为只有让自己强大起来，才能不被欺负。黑人身体素质好，卡尔的拳术大有长进。

退伍后，卡尔开始打比赛，一时间风光无限。他获得了一个又一个冠军，成了名副其实的拳王。本来应该过上安稳富裕的生活了，卡尔却再次遭遇了牢狱之灾。

卡尔被腐化的警察诬陷，被判终身监禁，因为他们觉得一个黑人拳王会给社会带来危险。在监狱里，卡尔拒绝穿囚服，因为他不认为自己是有罪之人，结果遭到一顿毒打。

起初，其他狱友都畏惧卡尔，认为他是一个定时炸弹，会随意伤人。然而，相处一段时间后，大家发现卡尔是一个很有爱心的人，而且也很负责，不久大家竟然成了朋友。

显然，白人对黑人的认识还停留在黑奴时代，不去考据真实情况就妄下论断，结果形成了错误的认知，也给当事人带来巨大灾难。

单纯根据表象或虚假的信息做出判断，很容易产生偏见。如果形成误判，做出与事实不相符合的决策，就会说错话、办错事。因为信息不周全而误判还有情可原，如果心理上对外部人和事存在偏见，恐怕会吃大亏了。

人们习惯用偏见代替理性思考，源于思维上的固定模式。抛弃头脑中的固有偏见，要学会谦虚待人，掌握科学思考的方法。此外，还要学会用发展的眼光看问题，主动重新全面地了解外面的世界。

待人处世，不可避免地涉及与人交谈。有一个好人缘便能在生活中找到如鱼得水的快感。不要因为狭隘、偏激的心理让自己处于被孤立的状态，克服自己的偏激心理，放宽心胸去接纳别人，改善自己，在生活中才会少走弯路。

格洛斯是一名出色的田径运动员，几年前在一次车祸中留下了残疾。为此，他那美貌的妻子离开了他。他只能沉湎于对美好往事的回忆之中，面对未来，他只有愤恨。但最终他还是原谅了她。

他说，如果我只是终日沉湎于对她的旧日情爱的回忆之中。整天只是怨恨她的冷酷，那么我只有终日流泪的份，对我的身体有害无益。让过去的事情过去吧，我需要的是获得未来的幸福。

原谅别人不是软弱的表现，而是坚韧的象征。怨仇相报抚不平心中的伤痕，它只能把双方捆绑在无休止争吵的战车上。

在日常的交往中常会听到有人说某某不可相处，仔细观察就会发现，这一类人主要是做人太偏激，疾恶如仇，眼里容不得半点沙子。这种人到哪儿都没有好人缘。

在不良情绪的驱使下，人们用固有的偏见做人处世，无法看清事物的真实面目，会恶化与他人的关系，甚至带来惨重的损失。个人偏见浓重的人喜欢先入为主，这种思维定式严重影响人们的认知，无助于能力提升与局势优化。

处理问题头脑要冷静、客观，全面地想问题，切忌忽左忽右，极端片面。偏激则有失冷静。有的人天性偏激，就要通过后天的训练去克服。

4. 不做拆台的"小人"

现实生活中，补台和拆台虽一字之差，但反映了不同的人生观、价值观。俗话说"做人就要人帮人"，多替他人考虑，多方合作共事，就能演出一台又一台"好戏"来。

反之，一事当前先替自己打算，时时都想当主角，事事都想争高低，满足不了自己的要求就拆台，最终只能是共同垮台。

拆别人台的人，也必然会遭到别人"反拆台"的报复，你今天打他一"拳"，就要提防他明天还你一"脚"，这就形成了恶性循环。

人事部最近新来了一位经理，工作认真负责，下属对他也很尊敬。但是在一次工作接触中，业务部王某不经意地向人事部的一位秘书透露了一个消息：人事部经理是某董事的亲戚，要不按照他的资历根本不可能坐上经理的"交椅"。言谈之间，王某流露出颇为不屑的神情。

这个消息在人事部很快传开了。那位新经理却不知情，仍然像往常一样工作着，他只是觉得下属的态度似乎有所改变。以前，下属见到他总是热情主动地打招呼，现在却似乎老远就躲着走了。尤其是资格较老的几位副经理，言谈举止间颇有些不敬之意。

以前，他每下达一项命令，总是能够得到很好的贯彻执行，但现在"阳奉阴违"的现象时有发生，工作布置下去，却往往不能很好地完成，甚至有人当面提出反对意见，使他面子上很过不去，工作阻力越来越大。

后来他了解到，所有这些变化都是由王某的一句话引起的。通过这件事情，这两位经理之间不可能形成良好的工作关系，这是显而易见的。

同事之间最怕互相拆台，本来很有可能办好的一件事情，有人拆台，结果办砸了；本来眼看就要成功的事情，有人拆台，也功败垂成了；本来就没有多大成功希望的事情，有人拆台，那结果更是可想而知了。

要想处理好与同事的关系，就不要做喜欢拆台的"小人"；不但不能拆台，而且还要想办法"补台"，给同事"打圆场""争面子"，支持他把工作搞好，这样也就等于给自己争取到了一个"同盟军"，何乐而不为呢？

如果你的公司里新提拔了一位经理，你对他的下属说："虽然某某很年轻，但他有知识、有经验，一定可以干出一番事业来，能够与他共事，大家真有福气啊！"这不比说"他这么年轻，能有多大能量呢？等着看好戏吧"要强得多吗？

拆台不仅会把所做的事情搞糟，而且会使被拆台的同事颜面丢尽，不仅会引起上司的不满，而且会使他在下属面前威信尽失，使今后的工作更加难以开展。

在某一次宴会上，某人向邻座的太太讲起了某校长的秘密，同时表现出对那位校长的卑鄙行为大为不满，并说了一堆攻击的话。直到后来，那位太太问他："先生，你认识我是谁吗?""很抱歉，我还没请教您贵姓。"他回答道。"我是你说的那位校长的妻子!"这时他才感到十分窘迫。

这位先生就犯了拆台揭短的毛病，不仅现场非常尴尬，以后还可能因说校长的坏话，给自己带来十分不利的影响。

中国有句古话："成人之美，不送人之恶。"成人之美是美德中的美德，也是我们中华民族的优良传统。凡是成人之美的话，诸如激励人心，善意地忠告等都是受人欢迎和尊重的。反之，在与人谈话交往中，不但不成人之美，反而拆别人台，揭别人短，使人家的兴致成为泡影，或者你在其中成为损人利己的受益者，那就注定要遭人唾骂，成为千夫所指的小人。

5. 骆驼法则：低头是为了把头抬得更高

现实生活中，总有一些时候，主动权不是掌握在我们的手里，而是掌握在别人的手里。正如俗语"人在屋檐下，不得不低头"，说的就是人在权势、机会不如别人的时候，不能不低头退让，以争取更多的时间和力量来发展和壮大自己。

被现实所迫的低头是一个较低的境界，较高的境界是有意识地主动低头，借此了解各方面的情况，消除各方面的隐患，为自己将来的强大做好准备。主动总是比被动让人生轻松，得到的成就自然也更大。

布兰达是一家航空公司的人事部门主管，几年来她一直缺乏足够的资金来完成一些她认为是很重要的项目。她的主要绊脚石是预算部主管托德，托德控制布兰达的预算用途，指使她如何使用资金。而如果某个部门主管是他的好友，他就没有那么严格。

当布兰达向她的上司抱怨此事时，上司却不屑一顾。他说："布兰达，你必须学会能解决自己的问题。"

在一次有关妇女的研讨会上，玛丽建议布兰达和托德建立友谊。她却极不以为然："我不能忍受那家伙，他是个仗势欺人的恶霸。"

玛丽指出人品与工作是两码事。"托德也许是个恶霸，"玛丽解释说，"但你要想得到你完成计划所需的经费，你就得需要他。"

布兰达很不情愿地答应一试。三个月以后玛丽碰见布兰达，发觉她开始领会棒球的规则了。"我开始对托德友善了，"她说，"我帮助他解决了一项棘手的人事问题，有几回我甚至和他一起共进午餐。他不是那种我愿花很多时间陪的人，但他能站在我这一边，会使问题容易解决。"

老百姓有一句俗语，叫作"人在屋檐下，不得不低头"。意思是说人在权势、机会不如别人的时候，不能不低头退让，但对于这种情况，不同的人可能会采取不同的态度。

有志进取者，将此当作磨炼自己的机会，借此取得休养生息的时间，以图将来东山再起，而绝不一味地消极乃至消沉；那些经不起困难和挫折的人，往往将此看作是事业的尽头，或是畏缩不前，不愿想法克服眼前的困难，只是一味地怨天尤人听天由命。

当进入别人的势力范围时，会受到很多有意无意的排斥。这种情形在所有人的一生当中几乎都出现过，除非你有自己的一片天空，是个强人，不用靠别人来过日子。

可是你能保证一辈子都可以如此自由自在，不用在人"屋檐"下避避风雨吗？所以，在人屋檐下的心态就有必要好好地做些调整了。人在屋檐下，有时要低头。

美国开国元勋之一的富兰克林年轻时，去一位老前辈的家中做客，当他昂首挺胸走进一座低矮的小茅屋时，一进门，"嘭"的一声，他的额头撞在门框上，青肿了一大块。

此时，老前辈笑着出来迎接说："很痛吧？你知道吗？这是你今天来拜访我最大的收获。一个人要想洞明世事，练达人情，就必须时刻记住低头。"富兰克林记住了，也成功了。

前辈往往能够成为生活的智者，生活将他们锤炼，并赠予他们做人处事的真谛。富兰克林有幸得之、行之，也必然能够胜之。

"低头"是为了让自己与现实环境保持一种和谐的关系，把二者的抵触和摩擦降至最低；是为了保存自己的能量，好走更长远的路；是为了把不利环境转化成有利环境。

没有真正强大的实力的时候，我们是没有资格自恃傲气的。而生活的真谛也不是让人总是如活在水深火热中般痛苦沉重。通晓有舍必有得的至理，学会让人生的背包变轻，体验适时低头的奥妙，小小地改变一下心态，头抬得更高的时候，看到的天地自然也就更加广阔了。

第八章　隐忍心计学：忍的功夫
有多深，成就就有多大

在漫长的人生中，不如意之事十之八九。经历世事沧桑的人都明白，不"忍"寸步难行，不"忍"难成大事。忍，是中华文化的美德；忍，是佛家智慧中最大的修行。无边的罪过，在于一个瞋字；无量的功德，在于一个忍字。

1. 小不忍则乱大谋

性格耿直的人忍耐力极差，他们不会践行肩头的责任，所以总是冲动而为，无法担当重任。懂得忍让的人，能够做到忍耐、谦让，所以总能保持平和的关系，实现善终的目标。

通常，社交过程中如果产生什么矛盾的话，双方可能都有责任。不过，对当事人来说，如果能主动"礼让三分"，多从自己身上找原因，那么自然会让往日的误解云消雾散，实现和睦相处的愿望。

一个人如果没有忍耐的功夫，就无法承受当下的磨难，无法在眼下的矛盾中生存。忍耐一时，求得暂时的平静，各方利益才能找到平衡，达成默契。无法忍耐当下的现实，而最终乱了阵脚，又有什么本事去干大事呢？

张处长任业务部门主管已经三年了，这一天上面派来了一名新主任。这个人也是老业务员了，虽然文化水平不高，但是工作认真、态度积极，最重要的是业绩出众。不过，这个人也有缺点，喜欢挑毛病。

比如，对于那些做出业绩的人，他看在眼里，却忘在脑后。而看到有人迟到、早退，他却牢牢记在心上，并随时给那些违规者施以颜色。尤其是对业务科的工作，他挑毛病如同家常便饭，看到谁犯错就毫不客气地批评一顿。

面对蛮不讲理的新主任，张处长既没有当面冲撞，也没有刻意去巴结。日常工作中，张处长主要负责定出工作程序，然后交给新主任过目，再交给下面的人去执行。此外，他还注意做好系统记录，以便主任翻阅。

这样有效地安排工作，既减少了与新主任的摩擦，也让工作变得更加轻松。不过，矛盾依然难以避免。有几次，张处长被主任严厉批评，但他努力控制自己的情绪，没有做出冲动的事情。而且，他忍受住这种责难，并拒绝把这种不良情绪带到工作中去。

对于这些，新主任看在眼里，记在心上。不久，新主任要提拔一名副主任，自然他选择了张处长。就这样，久在职场打拼的张处长凭借自己的辛勤耕耘得到了职位晋升。而这一切，都离不开他多年的隐忍。

如果想在事业上有所建树，你不懂得忍耐，不善于去经营，很难有发展机会。相反，那些忍耐一时，并注重大局观的人，会在忍耐中修炼自己，从而戒除了冲动、率性而为的缺点，赢得了担当重任的机会。

聪明的人总是尽可能地迁就对方，这看似懦弱的举动其实正是生存的方法。既能让你避免耿耿于怀地自我折磨，又能让你维持健康的人际关系，甚至，在有些时候，忍让还会使你避开一些祸患。

有一次上课的时候，同学们正在认真地写作业。张华忽然被同桌碰了一下，于是纸上立刻出现了一道长长的弧线。他一下子生气了，大声说："你怎么这样呀？我的作业本来快写完了，结果被你一碰，又要重写了。"

同桌不是故意的，本来就很内疚，于是连忙说："对不起，我不是故意的。对不起。"听到这里，张华只好气呼呼地开始重写。一边写着，张华的心里还在埋怨同桌。谁知，一不小心自己就碰到了同桌。

当时，张华一下子愣住了。"这下可糟了，同桌肯定要变本加厉地跟我吵架了。"出乎意料，同桌并没有大声申斥，即使当张华道歉时，对方也只是说没关系。这时候，张华内疚极了。他觉得自己开始不应该发火，如果自己做到忍让就好了。

因为一时冲动，张华自食恶果。如果他能够三思而后行，想想后果，压制住自己的愤怒，肯定不会像现在这般后悔。由此看来，一个人在生活中确实要忍耐为上，不能受了一点委屈就直接冲动而为。

忍让是处世的良策，是构建和谐关系的保证。通常，只要不是什么原则问题，最好做到能忍则忍。尤其适合在日常工作中，"小不忍则乱大谋"。如果不能忍耐一时，那么冲动就会带着你闯祸，日后只有悔恨的机会。说得通俗一点，"忍让"就是让时间、让事实来表白自己，从而规避无谓的争吵和钩心斗角。

2. 为了避祸要委曲求全

唐代大诗人白居易也曾说："孔子之忍饥，颜子之忍贫，闵子之忍寒，淮阴之忍辱，张公之忍居，娄公之忍侮；古之为圣为贤，建功树业，立身处世，未有不得力于忍也。凡遇不顺之境者其法者。"

面对外来的欺压，通过反抗求得平安固然很好，但是，当我们力量不足、实力弱小时，委曲求全就很有必要了。特别是当对手异常强大、环境凶险时，忍耐是保全自己、避开祸端的唯一途径。

春秋战国时期，魏惠王想要找一个商鞅式的人才，实现称霸的野心。不久，庞涓求见魏惠王，陈述了自己富国强兵的构想，得到了认同，随后被拜为大将，很快庞涓就把自己的同学孙膑推荐给魏惠王。

孙膑才华出众，水平在庞涓之上，所以很快赢得了魏惠王的赏识，获得了更高的职位。对此，庞涓非常不满，后悔自己不该引狼入室。于是，一场阴谋暗中启动了。

不久，魏惠王听庞涓陈奏，得知孙膑私通齐国，不禁大发雷霆，立刻把孙膑投进了监狱。孙膑还被施以酷刑，被剜掉了两块膝盖骨，从此身体变得残缺了。至此，孙膑看清了庞涓的真面目。

虽然义愤填膺，但是孙膑没有直接呐喊，也没有郁郁寡欢，而是谋划着逃离这个是非之地。随后，孙膑开始装疯卖傻。为了欺骗庞涓，他吃掉腐烂的食物，满口说着不着边际的话，其中的苦楚只有自己知道。

庞涓上当以后，把孙膑从监狱里放出来，让他到大街上流浪。在接下来的日子里，孙膑仍然装疯，不敢有丝毫的懈怠。时间一长，庞涓对孙膑彻底放心了。

后来，孙膑在别人的帮助下偷偷回到齐国，被田忌推荐给齐威王，并很快委以重任。此后，孙膑帮助齐军打了许多胜仗，并在马陵之战中利用"炉灶"的策略消灭了庞涓，洗雪了当年的耻辱。

身为杰出的军事家，孙膑深知忍的重要性，所以他面对命运的不公选择了忍耐一时，通过委曲求全换来了日后的自由身，并报了仇。这不但需要一份惊人的耐力，同时也需要有一种卓越的审视力和观察力。

试想一下，如果孙膑不具备忍耐的功夫，而是对庞涓大吵大闹，怎么能有日后命运的重新改写呢！在灾祸面前示弱，甚至委屈自己，不是无能的表现，而是求生的策略。只有保留实力，日后才能卷土重来，创造出曾经失去的一切。如果连这笔账都算不出来，那么当事人就无可救药了。忍耐的功夫大小，决定了一个人成就的大小。道理正在于此。

社会关系错综复杂，人际矛盾无处不在，在有限的生命里，我们总会遭受来自外界的各种祸端。祸患发生了，如果生命受到威胁、利益受到损害，就要及时想出对策，找到规避的方法，把损失降到最低。为了避祸要委曲求全，而不是求一时之勇，逞一时之能，自然容易求得完满的结局。

印度一个小男孩在野外不小心被毒蛇咬了一口，生命受到威胁。这时候，身边没有任何可利用的急救药品，怎么办呢？经过快速地思索，他咬紧牙关，毫不犹豫地挥刀砍掉了受伤的脚。最后，男孩少了一只脚，却保存了生命。

就像壁虎断尾一样，在某些特定的情况下，暂时委屈自己，是为了活下来，以后一切都有从头再来的机会。委曲求全，方可避祸，这是亘古不变的真理。

老子在《道德经》中说："曲则全，枉则直，古之所谓曲则全者，岂虚言哉？诚全而归之。"受得住委屈，方能保全自己；经得起冤屈，事理才能得到伸直，其实在危难中能够保全自己的，全都懂得这个道理。以退为进，以忍为攻，这才是为人处世的最妙法则。

3. 忍让相安，和谐共生

在我们身边，许多人为了一些小利争执，或是因一些鸡毛蒜皮的小事而发生口角之争，互不相让，以至大吵大闹，进而大打出手，结果往往两败俱伤。有的为了物质利益上的争执，闹出了人命案子，打死的一方肯定会阴魂不散，而另一方则要"杀人偿命"。

由此可见，不妨对他人屈就一下，打掉牙齿往肚里吞，忍字是多么的重要。心理学家纳德曼说："当我们听到一件不惬意的事，再听了它的经过之后，就常常拿来修正自己的观念，以为事情有许多值得原谅的地方了。"

其实，遇到不开心的时候，或者与人发生矛盾，必要的忍耐和屈就是不可缺少的。这体现了一个人的心胸和气度，实际上也是成大事的基本素养。能够忍耐一时，懂得屈就对方，会最大程度上减少不必要的纷争，甚至"战争"。

清代康熙年间有一位礼部尚书名叫张英，安徽桐城人。有一次，老家的人准备扩建住宅，结果与邻居在地基的问题上发生了矛盾。母亲写信给张英，让他采取一定措施压制邻居的嚣张气焰。

张英陷入了左右为难的境地，最后经过深思熟虑写了回信："千里家书只为墙，再让三尺又何妨。万里长城今犹在，不见当年秦始皇。"母亲看到信后立刻明白了儿子的深意，于是主动把院墙向后移动了三尺。

邻居看到这种情形意识到自己的行为有些过火，也主动把院墙向后让出了三尺的空间。就这样，两家院墙之间出现了一条六尺宽的巷道，周围的人每次谈起这件事都赞颂两家人懂得谦让，具有良好的道德修养。

张英身为礼部尚书，没有凭借自己的权势欺压他人，而是采取了忍让策略化解了与邻居的矛盾，最后取得了超乎想象的良好效果，实现了和谐共生的局面。

生活与工作中的矛盾不可避免，关键是要妥善解决各种问题、化解彼此的隔阂。当双方发生冲突时，一味争强好胜并非最明智的做法，主动忍让能带来祥和的气氛。处理家庭、同事、邻里等各种关系时，需要适时忍让，和谐相处。做人做事，"忍常人所不能忍"，才会成就更多、收获更多。

小梅是一名建筑系的高才生，毕业后在一家新开的房地产公司上班，曾经负责过这类设计工作。然而，老板刚刚接触这个行业，什么都不懂，还对她的很多设计指手画脚。虽然提出很多的见解，但是大多不切实际，所以很多员工都选择了跳槽。

小梅认为老板刚接触这一行业，不懂很正常，所以就迁就对方。后来，在大家的努力下，公司慢慢地走向了正轨，而小梅与李经理在这个过程中，建立了很深的"革命友谊"，并成了李太太。

其实，在工作中遇到这种问题很常见，上司因为一些原因，并不一定很了解太专业的知识，这时候就需要我们屈就他，维持整个大局。

对职场人士来说，忍耐非常重要。保持与老板、上司和同事良好的人际关系，并不需要凡事都要摆出一副"公事公办"的架势，相互之间事事较真儿，不苟言笑，而是彼此要保持一定的距离。

其实，同事之间应该搞好关系，避免"得罪人"情况的发生。在坚持原则的前提下，应随机应变，应付自如。一般说来，同事大都是年龄相当、资历相近的人，尽管脾气性格多有差异，但总有很多地方还是"谈得来"。在工作上应该求同存异，融洽关系，避免不愉快事情的发生。

留一步，让三分，是一种谨慎的处世方法，适当的谦让不仅不会招致危险，反而是寻求安宁的有效方式。个人生活中，除了原则问题必须坚持，对于小事，对于个人利益，谦让一定会带来身心的愉快，以及和谐的人际关系。有时，这种"退"即是"进"，"予"就是"得"。

4. 世上没有解不开的疙瘩

古人很早就说过，"宁可毁人，不可毁誉"。这个规律不可否定，因为自我防卫心理、关注自我形象是人的天性。

正由于如此，我们才应当树立容纳意识，选择双方皆赢，正确面对分歧，一定要容纳别人的缺点，谅解别人的过错。没有化解不了的矛盾，宽容是做人处世的要点。

一个以敌视眼光看人，对周围的人戒备森严，心胸窄小，处处提防，不能宽大为怀的人，必然会因孤独而陷于忧郁和痛苦之中；而宽宏大量，与人为善，宽容待人，能主动为他人着想，肯关心和帮助别人的人，则讨人喜欢，被人接纳，受人尊重，具有魅力，因而能更多地体验成功的喜悦。

拿破仑对士兵的一次谅解，曾被传为佳话。

有一次，拿破仑带领部队在一个盛产葡萄的小镇露营。晚上，一个口渴的士兵找不到水，就悄悄地来到葡萄架下，偷吃了葡萄。

第二天早上，葡萄园主发现葡萄被偷，断定是来此宿营的士兵干的，于是找到拿破仑："你手下人偷吃了我的葡萄，必须查出来是谁干的！"后来，拿破仑确信了是自己的士兵干的，于是，他忙赔不是，并拿出钱赔给葡萄园主，才让葡萄园主停止了发火。

拿破仑很气愤，他想一定要严厉查办偷吃葡萄的士兵。但一想处罚一个人是小事，但会影响全军士兵的士气，同时他又从人性化角度为那个士兵考虑，长年累月的战争，士兵们吃了很多苦头，看见诱人的葡萄能不流口水吗？

这样想过后，拿破仑放弃了查办偷吃葡萄者的决定。但当天中午，那位丢失葡萄的人竟拎着满满一篮子葡萄，来到了部队驻地慰问官兵。

在聊天中，葡萄园主问拿破仑："你为什么不处罚那个偷吃了葡萄的士兵呢？"拿破仑回答道："眼下正是士兵出生入死的时候，他们的表现一直很优秀，如果拿一点小事去衡量一个人的功过对错，那就未免有些小题大做了。"

当时，在场的士兵无不感动，那位一直想隐瞒的士兵控制不住感情，勇敢地站出来，向拿破仑行了一个军礼，说："葡萄是我因找不到水喝，一时丧失意志，偷吃的，请处罚我吧！"拿破仑见此情景，拍了拍士兵的肩膀，说："我能谅解你这一回，但以后要加强自我约束。"

拿破仑懂得站在人性的角度去思考别人的立场，非常难得，也正是因为这一点，他懂得了谅解那位士兵的过错，或许，他的成功与他能够谅解别人有很大关系，毕竟，得民心者得天下，得军心者胜天下。

每个人都会犯错，谅解身边人所对你犯的过错，只有这样，别人才会谅解你的过错！要学会照顾别人的情面，谅解与宽容他人，不仅可以拉近彼此的关系，还会给自己的成功增添更多的可能。

生活当中，人与人的关系最为复杂，也是最难以处理的一件事情，很多人经常为此而苦恼。比如在工作中，同事之间各人的性格、脾气禀性、优点和缺点也暴露得比较明显，因而同事之间也非常容易产生矛盾。同事之间有了矛盾并不可怕，只要我们能够面对现实，积极采取措施去化解矛盾，同事之间仍会和好如初，甚至比以前的关系更好。

谅解别人的过错，是爱心的一种表现，它可以提高我们的精神境界。用爱心来帮助他人改正过错，比责骂、教训获得的效果更好。这样做的效果不仅不会损害人际关系，而且有利于教育影响对方，对双方都有好处，我们何乐而不为呢？

5. 忍常人所不能忍

《易经》上有这样的话："舍弃自己那些如同灵龟般的智慧，而观望别人心中的食物，那是不利的做法。"暴殄天物、为求美食不择手段，甚至丧失人格，这样的人只能让他人轻视。事实上，人们面对诱惑确实会失去理智，所以我们要学会必要的忍耐。

林语堂先生曾说："遇事忍耐为中国人的崇高品质，凡对中国有所了解的人都不否认这一点。"面对糟糕的局面，以及恶劣的生存环境，有时候你不得不忍耐一时。而在关键时刻，忍耐的承受力决定了你的成败。

韩信年轻时终日游手好闲，无所事事。有一天，他正在大街上散步，一群小流氓走过来，故意找茬："你长得挺高啊，不知道能不能禁住我们的铁拳？"韩信沉默不语，心里暗暗叫苦："碰到这些无赖，有理讲不通啊。"

围观的人越来越多，其中一个流氓放肆起来："你有多大胆量，敢来刺杀我吗？如果害怕，就从我胯下爬过去吧！"周围看热闹的人开始起哄："好啊，没胆量就爬过去吧。"

韩信怒不可遏，用力握紧了拳头，然而，他还是冷静了下来，最后默默地从对方胯下爬过去了。这就是历史上著名的韩信"胯下之辱"的故事。

日后，韩信参加了秦末农民起义，成为刘邦的大将，为开创西汉王朝立下了赫赫战功，与张良、萧何一起被尊奉为"汉初三杰"。

韩信后来能够成大事，与他忍耐的性格密不可分，艰苦的环境、惨烈的战斗、决策的复杂……哪一样不需要"难忍能忍"的品质呢？

作为一种谋略，忍耐充满了高超的斗争智慧。"小不忍则乱大谋"是指忍的原则，"一忍可以制百辱，一静可以制百动"是指忍的效果。老子关于祸福关系的论述，为后人广为传诵，那就是"祸兮，福之所倚；福兮，祸之所伏"。因此，身处逆境，置身祸中，要学会忍，"百忍成钢"，在逆境中要学会忍，才能成就大事，忍得一时苦，方为人上人。

此外，忍耐是迈向成功必备的技能。越王勾践，在经历了被吴国战败的事情后，不仅没有就此堕落、怨天尤人，而是选择了每日尝苦胆来告诫自己曾经受过的屈辱，并且苦练兵法，闭关修炼，最终一鸣惊人，将吴国打得片甲不留，一洗当年之耻。因此，面对困难和屈辱，学会忍耐，将意味着黎明之后的光明，收获成功！

为保存自己的实力，有时候忍耐既是一种无助的选择，也是自保的技巧。当敌我之间的力量太悬殊、正义与邪恶之间的势力差距太大时，忍耐，便作为一种最为明智的退却手段，不硬拼，不消磨自己的元气，将力量慢慢地蓄积起来。

因此，忍耐绝不是对传统的习惯势力、落后势力的妥协和投降，一旦时机成熟，羽毛丰满了，翅膀硬了，爪子利了，就会乘其不备，猛然一击，让邪恶永不翻身。

古时候有个叫杨翥的人，以忍让谦和闻名。凭借忍让相安的处世准则，他避免了不必要的麻烦，甚至躲避了意外的祸患。

有一次，杨翥家的邻居丢了一只鸡，指骂姓杨的偷鸡不得好死。家人愤愤不平，杨翥却非常淡然："满世界又不只我一个人姓杨，随他骂去吧。"

还有一次，屋外下着瓢泼大雨，一个邻居把自己院中的积水排到了杨翥家中，全家深受潮湿的苦楚。杨翥仍然很淡然："不要斤斤计较，总是晴天的时日多，落雨的日子少。"

时间一长，大家都被杨翥的忍让打动了。后来，有一伙强盗密谋抢夺杨家的财宝，就是这些邻居们自发组织起来，帮助杨家与匪徒抗击，杨翥才转危为安，免受灾祸的打击。

正是杨翥忍住了别人所不能容忍的，所以他收获了邻居们的尊重和喜爱。试想，倘若杨翥之前没有容忍他的邻居，而是与其大吵大闹，争辩是非，想必在他发生危险的时候，他的邻居们也不会去帮助他。

所以，学会忍耐是很重要的。不过，当忍耐掺入了阴柔，变成了一种相安无事、与世无争、苟且偷安的处世哲学后，它就走向了反面。

当然，忍耐也要适度，不可做个过分忍气吞声的软柿子。今天，一味地忍让可能被人当作好欺负，把握忍耐的"度"非常重要。学会容忍，但是应该是有原则的容忍，有底线的容忍。

第九章 糊涂心计学：别太执着，
否则会把事情搞砸

糊涂是妥妥当当处世的妙方。掌控关系，不能一味较真，太执着会把关系搞砸，往往让自己身陷泥潭，搞不好就会伤筋动骨，这其实是"聪明反被聪明误"。俗话说，水至清则无鱼，人至察则无徒。与人相处，要"睁一只眼，闭一只眼"。对于那些无关大局、枝枝蔓蔓的小事，不应当过于认真，而对那些事关重大、原则性的是非问题，则要坚持己见。

1. 该装傻的时候装傻，该聪明的时候聪明

装糊涂是一种真聪明，高明的人都会装傻充愣。没有人不承认清朝大画家郑板桥是一位大智者，但他却有一方闲章："难得糊涂"。此章一经刻出，便立刻变成了一些人津津乐道的座右铭，仿佛有许多人生的禅机一下子从这四个字中折射出了哲学的光辉。

懂心术厚黑学的人，一定擅长韬晦，擅长韬晦的，一定是个厚黑学名家。这是一个亘古不变的规律。明代大作家吕坤在《呻吟语》中说："愚者之人，聪明者不疑之。聪明而愚，其大智也。夫《诗》云'靡者不愚'，则知不愚非哲也。"用现在的话讲，他的意思是：愚蠢的人，别人会讥笑他，聪明的人，别人会怀疑他。只有聪明而看起来又愚笨的人，才是真正的大智者。《诗经》上

也说"没有哲人犯傻的",可见不犯傻的人并非真正的聪明人。

在动物世界里,老鹰站立的时候好像在睡觉,老虎行走的样子好像生病了,这是它们为了捕获猎物采取的方法、战术。做人做事,也要善于藏巧于拙,才能走得更远。说起韬晦,人们自然会想起越王勾践"卧薪尝胆"和曹操与刘备"煮酒论英雄"的故事。所谓"韬晦",通俗了说就是"装傻"。这种"装傻"的背后是对自我的严格控制。高明的人都会装傻充愣。

春秋时期,楚王为了拉近与大臣的距离,经常宴请大臣们,而楚王也会专门为臣子准备好上等的美酒佳肴和歌舞,以显示他对大臣的重视。有一次,楚王又邀请臣子出席。席间歌舞妙曼,气氛融洽,楚王和臣子的兴致都很高,这时候,楚王下令让他最宠爱的妃子依次给他的属下敬酒以示敬意。

但是就在这时候,忽然一阵狂风刮来,吹灭了桌子上所有的蜡烛,顿时,屋内一片漆黑,众人乱作一团。正在下人们慌忙点灯的时候,有一位官员趁机摸了妃子的玉手,她也非常聪明,不甘心在黑暗中吃亏,也为了使楚王能够抓住这个大臣,她就在挣脱手时把这个官员的帽带扯开了,只要点亮了灯,这个人就会露出马脚。

随后,妃子急忙回到楚王身边,俯在楚王耳边悄声对他说:"刚才有人趁乱羞辱臣妾。我把他的帽带弄开了,只要一点灯,就知道是谁,楚王要替臣妾处置这个大胆的罪臣。"楚王听了这席话,思考了片刻,但他还是没有按照她所说的去做,而是大声宣布:"今晚请各位臣子过来,就是想与众位爱卿一醉方休,来,大家都把帽子脱掉,让君臣共同畅饮一番。"这样,君臣都没有戴帽带,那件事是谁做的,也看不出来了。

就这样,楚王故意没有当众找出那个趁机调戏他爱妃的大臣。对这件事睁一只眼,闭一只眼,并不是楚王不够聪明,害怕点灯以后找不到那位大臣,而是楚王觉得这种解决办法更好,可以拉拢那位大臣。果不其然,后来楚王意欲攻打郑国,有一将领独自率领几百人,为三军开路,一路英勇杀敌,斩将过关,一直打到郑国的首都,而这个人就是当年趁机调戏楚王妃子的那位。正是因为当时楚王没有惩罚他,给了他一个恩惠,他感激楚王,并发誓终生效忠楚王。

在这件事情上，那位大臣没有想到楚王会这样处理，他十分敬佩楚王的宽广胸怀，也对当时自己一时头脑发热做出的傻事而心有余悸。也正是因此这位大臣日后才会真心拥护楚王。而楚王聪明地利用了难得糊涂这一点，心中明白大臣也许只是一时兴起而做出那种事来，而他犯的错误也不是不能原谅。如果当时楚王顾及"面子"，立刻抓住这位大臣，处置他，那么他就会损失一位给他立下汗马功劳的忠臣。楚王对下属所犯错误的包容与谅解，在事情上的高瞻远瞩才会使他深得人心，为他日后做出的丰功伟绩奠定了坚实的群众基础。他不成就霸业，谁能成就？

纵观古今那些有大智慧的人，往往不在众人面前，尤其不在同行、同事或同伴面前显露才华，外表上好像很愚笨，很糊涂，其实，这既是一种至高的人生境界，又是人生之大谋略。就智慧而言，这种人像风一样自由，无牵无挂，无拘无束，俗世的一切都在身外。就糊涂而言，他们会在人前隐藏自己的智慧，表现出一副混混沌沌的样子。他们在处理细微之事上往往糊里糊涂，殊不知这正是城府很深的表现。韬光养晦，让人以为自己无能，让人忽视自己的存在，而在必要时，能够不动声色，以自己的智慧，先发制人，让别人失败了还不知是怎么回事！

所以，我们不必对什么事都机关算尽，该装傻的时候就要装傻，但是在该聪明的时候也要能够聪明起来。有句话说"大事不糊涂"，说的正是小事装糊涂，而在关键时刻，才表现出大智大谋。

（1）装得最傻的人，一定是个厚黑高手，一定是个胸中有大沟壑的人。与这种人打交道时，你不妨多两个心眼；反之，你自己若是这样一个人，那几乎攻无不克。

（2）善于做生意的商人，总是隐藏宝货，不让人们轻易看到；品德高尚的君子，看起来往往很愚笨。一个人善于用"笨拙"的方式表现真诚的态度、替代机巧的做事手段，其实是一种大智慧。

人活于世，显得太傻气不行，显得太聪明也不行。所谓"不智不愚"，其实就是假借糊涂之象乃行聪明之道的大哲学。

2. 生活不妨睁一只眼闭一只眼

人活于世，太傻气不行，太聪明也不行，唯有"大智若愚"才是做人处世的大智慧。人非圣贤，孰能无过。与人相处就要互相谅解，经常以"难得糊涂"自勉。

睁一只眼闭一只眼，不仅需要我们善于"藏拙"，还需要我们善于消除心中猜疑的石头。人生的复杂性使人们不可能在有限的时间里洞明人生的全部内涵，猜疑是人性的弱点之一，一个人一旦掉进猜疑的陷阱，必定处处神经过敏，事事捕风捉影，对他人失去信心，对自己心生疑窦，如此久而久之，不仅损害了正常的人际关系，也同样影响了个人的身心健康。

《三国演义》中有这样一段描写：曹操刺杀董卓败露后，与陈宫一起逃至吕伯奢家。曹吕两家是世交，一见曹操到来，吕伯奢本想杀一头猪款待客人。可是曹操因听到磨刀之声，又听说要"缚而杀之"，便大起疑心，以为要杀自己，于是不问青红皂白，拔剑误杀无辜。这是一出由猜疑心理导致的悲剧。

其实，在待人处事时，有些事不必整得太明白，只要大家心知肚明就可以了。对于上位者来说，更要善于"装糊涂"，想要成大事，就要有雅量。尤其对领导者来说，处置好各方的利益平衡关系、掌控好全局，尤其不能凡事较真，而应认清时局，懂得装糊涂。另外，把握大局的另一面就是对细节和小事采取忍让、宽容的态度，只要它们不引起根本的利害冲突，我们就可以睁一只眼、闭一只眼。

有位商人为了开拓新的客户，一天跑了好几家单位，拜访的对象都是科长级的人物，其中有一个单位是处长出来接见。当然各个单位的规模和设备各有不同，同样地交涉事宜，若由科长或处长出面都不足为奇。

这一天他已经拜会了好几个单位的科长，且也拿到了好几张冠有头衔的名片，但他误把这位处长认为科长，在会谈中一直都以"科长""科长"来称呼对方。事后回到自己的公司，这位商人整理名片时，才发觉这个错误而感到惊慌，急忙用电话道歉，而对方表现出不介意的态度："这事已经过去了！我一点都不在意的。"

这位处长在面谈的时候身为"处长"却一直被称作"科长",不但没指出对方的错误,更没显出不愉快,而是继续热心地听着对方的谈话。这位商人认为这位处长真是个大度的人,一直都敬重着这位处长。

那位处长先生处理得非常明智。如果指出对方的错误,恐怕这位被指责的商人在惶恐的同时,会对自己的错误置之不顾,而埋怨那位处长是"拘小节的人"。当然视事情的性质而言,重大的错误必须指出来。但把"处长"叫作"科长"这种事,则应视作无关紧要,不妨睁一只眼闭一只眼。他的这种判断和做法都是非常正确的。

求大同存小异,有肚量,能容人,你就会有许多朋友,且左右逢源,诸事遂愿;相反,"明察秋毫",眼里容不下半粒沙子,过分挑剔,什么鸡毛蒜皮的小事都要论个是非曲直,容不得人,人家也会躲你远远的,最后,成为大家避之唯恐不及的异己之徒。古今中外,凡是能成大事的人都具有一种优秀的品质,就是能容人所不能容,忍人所不能忍,善于求大同存小异,团结大多数人。他们极有胸怀,豁达而不拘小节,大处着眼而不会目光如豆,从不斤斤计较,纠缠于非原则的琐事,所以他们能成大事、立大业,使自己成为不平凡的伟人。

人一生不应对什么事都斤斤计较,该糊涂时糊涂,该聪明时聪明。有句话"吕端大事不糊涂",说的正是小事装糊涂,而在关键时刻,才表现出大智大谋。中国古代这样的大智若愚者是很多的。

宋代宰相韩琦以品行端庄著称,遵循着得饶人处且饶人的生活准则,从来不曾因为有胆量而被人称许过。可是在下面两件事上的神通广大,实在是没有第二个人可比。这才是"真人不露相"的主角。对于这样的老好人谁会防范呢?他因此而得以在无声无息中做了这两件大事:

宋英宗刚死的时候,朝臣急忙召太子进宫,太子还没到,英宗的手又动了一下,宰相曾公亮吓了一跳,急忙告诉宰相韩琦,想停下来不再去召太子进宫。韩琦拒绝说:"先帝要是再活过来,就是一位太上皇。"韩琦越发催促人们召太子,从而避免了权力之争。

担任大内都知职务的任守忠很奸邪,反复无常,秘密探听东西宫的情况,在皇帝和太后间进行挑拨离间。有一天韩琦出了一道空头敕书,参政欧阳修已经签了字，参政赵概感到很为难，不知怎么办才好。

欧阳修说："只要写出来，韩琦一定有自己的廉洁。"韩琦坐在政事堂，用未经中书省而直接下达的文书把任守忠传来，让他站在庭中，指责他说："你的罪过应当判死刑，现在贬官为蕲州团练副使，由蕲州安置。"韩琦拿出了空头敕书填写上，派使臣当天就把任守忠押走了。

如果换上另外的爱耍弄权术的人，任守忠肯定不会轻易就范，因为他也相信一贯诚实的韩琦的说法，不会怀疑其中有诈。这样，韩琦轻易除了蠹虫，而仍然不失忠厚。所以大智若愚实在是人生的一种最高修养，也是一种做人的谋略。大智若愚的人总有更多的成功的机会。

3. 装糊涂：大事化小，小事化了

儒家学说主张"和为贵"，并形成了"中庸之道"这一重要哲学思想，它主张我们在处理事物的时候不要走极端，必须顾及各方利益采取均衡的策略。事实上，这是一种调解理论，给我们提供了化解麻烦、解决问题的有效路径。掌握这一做人处世哲学可以帮助我们建立和谐的人际关系，避免不必要的纠纷。

生活在复杂的社会中，矛盾和争执是不可避免的。但是由于社会阅历不够，许多人面对各种麻烦常常无能为力。出现问题时，当事的双方要互相体谅，互相宽容，大事化小，小事化了，才能消除烦恼。如果相互之间互不礼让，甚至进行报复，那么矛盾会越来越大，对谁都没有好处。

日常生活中不可能没有矛盾，关键是遇到问题不要激化矛盾、扩大难题，而要以和平解决的目的寻求最佳的方法。生活中，经常会看到这样的事情：公交车上，两个人互相谩骂，争得面红耳赤，甚至要大打出手。刚看到这种场面，一定以为他们之间有什么深仇大恨，冤家路窄正好碰到了一起。其实，真正的原因只不过是一个人踩了另一个人的脚，互不相让罢了。完全可以运用"大事化小"的糊涂策略，给自己一个有效解决问题的通道。

年轻人心高气傲，意气用事往往不能解决问题，采取"大事化小，小事化了"的策略并非妥协退让，也不是软弱的表现，实在是一种做事的智慧。也许你会说，这么点小事，至于吗？没错，事情的确很小，但最主要的是双方都没

有把它看成一件小事，更没有冷静地对待此事，才使双方的摩擦越来越大，搞得满城风雨。如果刚开始就有一个人退让一步，事情也不会弄到如此地步，也许双方还能成为朋友。

要想大事化小，小事化了，就一定要有宽容大度的胸怀和以德报怨的精神。要想拥有一个舒畅美好的世界，在面对他人的恶意陷害和侮辱的时候，我们就应该以德报怨，把伤害留给自己，以大度宽广的胸襟去包容一切，这样才能挽救双方已有的关系，使对方真正认识到自己的所作所为对别人的伤害，彼此间的关系才可能融洽，大家才可能和睦共处。

春秋时期，齐国有一位智者，名叫隰斯弥。当时大夫田成子当权，颇有窃国之志。一次，田成子邀隰斯弥谈话，两人登上高台浏览周围的景色。只见东、西、北三面平野广阔，一览无余，只有南面被隰斯弥家的树林挡住了视线。

回到家里，隰斯弥立即带着家仆去砍伐树林。然而，砍了几棵又停下来，马上返回家里。家人莫名其妙，询问其中的缘由。隰斯弥说："我从田成子的表情看得出，他很厌恶咱家的树林挡住了视线，所以我想把树砍掉。可是转念一想，当时田成子没有表示不满，还想笼络我。如果砍了树，表明我能知人所不言，那祸害就不远了！"

有些事该糊涂就得糊涂。故事中的隰斯弥知微察著的本事的确很大，但是他"审察有度"的智慧更高。如果不是早点警醒，跟田成子装糊涂，恐怕后来就大祸临头了。现实生活中，有些人的人缘一直不好，朋友也很少，又没有知心朋友，主要原因就是在人际关系中没有学会宽容。自己过于清高傲慢、无意中伤害别人不说，还常常把自己对某个人的厌恶写在脸上。

我们也许不喜欢被别人说成糊涂，但是事实证明，生活中并不是事事都要求我们聪明的。有时候，糊涂是和吃亏搭界的，然而吃亏是和受益并存的，一个人如果总想着受益，其结果可能是经常吃亏，而有时候一时的吃亏，可能会换来最后的受益。

总有阅历丰富的过来人，告诉我们吃亏是福。就像生意场上的伙伴，如果一方总想着拿到最大头的利润，认为拿不到就是吃亏，就是放着聪明不用，而犯糊涂，那他就大错特错了，他的做法早晚会招致伙伴的怨恨，而最终做不成生意。

唐高宗时，狄仁杰回到京城做了宰相。一次，武则天对他说："你在外面做官时，有人说了你一些坏话，你想知道吗？"狄仁杰说："有人说我好话我高兴，至于谁说臣的坏话，臣不想知道。"武则天听了大喜，称赞狄仁杰是一个宽宏大量的长者。狄仁杰也由此更得武则天的信任。

生活中，我们可以把握"大事化小"策略，给自己一个有效解决问题的通道。显然，如果我们主动采取退让的行动化解尴尬，对方也会主动撤身，就能避免双方发生更大的误会。矛盾不可避免，关键是遇到问题时不要激化矛盾、扩大难题，而要以和平解决的目的寻求最佳的方法。采取"大事化小，小事化了"的策略并非妥协退让，也不是软弱的表现，实在是一种做事的智慧。

4. 学会谅解别人，你会有更多的朋友

人作为一种群居动物，习惯了聚居生活，而每个人都是不同的，因而在人际交往过程中，难免会有分歧与争执。不过，并不是所有的事情都适合针锋相对。显然，懂得宽容他人，迁就他人的个性和习惯，自然容易得到更多的朋友和帮助。

在现实生活中，人与人之间的相互"得罪"，往往是由于彼此之间的不了解，因为不知道对方的某些习惯和喜好，从而导致了双方之间产生了误会，而误会出现了，自己并不能够察觉到，以至于不能够及时消除。事实上，当一个人错了的时候，总是希望别人予以谅解，并尽快地忘掉错误。这时，你就应该多为他人着想，理解和宽容他人的不是。这样，才能巩固和强化双方的关系。

在人际交往中，你会发现心地宽容的人，人缘更好。聪明的人总是尽可能地迁就对方，这看似懦弱的举动其实正是生存的智慧。既能让你避免耿耿于怀地自我折磨，又能让你维持健康的人际关系。否则，过于坚持自己的看法，觉得对方在意的事情只是微不足道的，不愿自己"尊严"受损，不愿意退步去迁就对方，往往造成双方的交恶。无论是日常生活，还是日常工作中，都是如此。

一个人若想成就一番大事，在人际交往中，就不要太计较个人的得失，而应该把目光放得长远一些，做到胸襟博大，宽容地对待他人。现实生活中，谁不渴望友谊呢？一个人，若想在人际交往中获得好人缘，就要以宽容为怀，以

大局为重。切记，心地宽容人缘好，只要你拥有一颗容人之心，人生之路就会越走越宽广，到处充满多彩的阳光。

在与人打交道时，每个人的经历、学识、地位和利益不同，同事、朋友之间共事或合作必然会有摩擦和矛盾，坚持原则是必要的，但更重要的是相互谅解和宽容。

如果你做错了事，且影响到别人，要尽快道歉！勇于认错的人并不多，这样做自然给对方留下深刻印象。还有，处处设身处地去感受他人的心态，再给予支持，没有人会不喜欢你的。

如果有人招你烦，你也大可不必理会，假设出差时你的同事从中间"挤牙膏"，这让你无法忍受。你经常闲谈中提起此事，他或她还不改变，你就随他去吧。你还有许多其他事情，不值得在此耗费精力。

多一些体谅，多一些理解，多一些宽容，人生就会多一份友谊，多一份和谐，多一份快乐。凡事不要太过较真，用包容、理解的心看待人生中的缺憾，你会有更大的收获。古今中外，凡是成大事者必是豁达洒脱之人，能容人所不能容，忍人所不能忍。不较真之人必然不会目光如豆、斤斤计较，必然不会纠缠于琐事，必然有拿得起放得下的气魄。这样的人才是成大事、立大业的不平凡之人。

能宽容别人，迁就别人的个性或是习惯，将会给你带来更多的朋友，对我们的生活和事业起着很大的作用。一个不懂得迁就的人是不可能成功的，因为他很难有太多朋友，而每个人都知道，朋友对于一个人的成功来说非常重要，朋友之间相处，最重要的是磨合，即相互迁就。若一个人不懂得迁就，那么，没有人会愿意与他做朋友，因为，每个人都不希望自己不被容忍，被对方嫌弃。

人非圣贤，孰能无过。要真正做到迁就别人，不是简单的事，需要有良好的修养和善解人意的思维方法，需要从对方的角度设身处地地考虑和处理问题，与人相处就要互相谅解，经常以"难得糊涂"自勉，求大同存小异，有肚量，能容人，就会多一些和谐，多一些友谊。

（1）在交往中能够做到办事情、想问题首先想到别人

在人际交往中，多站在对方的立场上思考问题，替对方打算，在遇到同自己意见不一致甚至相违背的见解时，能听得进去，或者经常替别人想想对自己

看不惯的行为，做到豁达大度，对方自然就会把你当成知心朋友。

（2）要想做到宽容，还要对自己不宽容

现实生活中，有些人往往是"今天的教训明天就忘了，后天又吃亏了"。就像《培根随笔集》里说的："虽然照过了镜子，可终究是忘了原形。"这都是对自己要求不严格的结果。只要敢于对自己不宽容，一事当前，善于律己，而不苛求别人，己欲立而立人，己欲达而达人，那么朋友同事之间团结和谐相处的气氛就形成了。这样，自然就会有好人缘。

（3）不要当面指出初次见面者的错误

对于一个初次见面的人，对于一些小错误，我们不应当面指出，否则不但会中断彼此间的谈话，更会引起对方的不快。因为当面被指正时容易产生一种羞愧的心理，于是就很难再重返到自己原有的状态。

（4）保持乐观心态和感恩的心

学会迁就别人首先要乐观，一个悲观的人总是很容易想到事物不好的一面，而且心情比较压抑和郁闷，所以总会对别人不满或者生气。而拥有一颗感恩的心，你的心情就会很豁达，就不会为一些小事情不迁就别人，同时，也不会因为鸡毛蒜皮的事情让自己难过或者不开心。

5. 遭遇背叛，与其愤怒不如一笑

对于别人带给我们的伤害，生气愤怒是人之常情，但如果我们能够高高兴兴地享受生活，何必要生气呢？不管我们多么有理，心中怀有仇恨总是不值得的。潜留在我们内心里的侮辱和永难平复的创伤，都会损坏我们生活中许多美好的事物。所以，我们应尽量以愉快的心情，来处理生活上的各种问题。即使愤怒，也最好能尽量忍在心里，不要爆发，只有这样，才能消除烦恼。

在人生这条蜿蜒曲折的道路上，我们都会经历背叛，我们会伤心会愤怒，但是我们更应该学会去谅解，谅解那些背叛我们的人。人生就像一列火车，总会有人下车，我们不必怨恨每一个下车的人，而应该去释怀，去祝福他们能找到更舒适的列车，沿途看更美的风景。有句诗"相逢一笑泯恩仇"让我们对背叛释怀，一笑而过，相忘于江湖。

玩 的 就是 心计

曾经发生过这样一个故事：在第二次世界大战期间，英军与德军在进行了一夜的激战后，英国士兵德鲁克与一名和他来自同个小镇的队友与他们所在的部队失去了联系。他们两个在森林中艰难地前进，找寻部队。他们又渴又累，长途跋涉了十多天，但是仍然没有找到部队。他们打死了一只鹿，德鲁克把没有吃完的鹿肉背在自己的身上，因为他的年纪大些，力气稍大。他们继续前进去找寻部队。

有一次他们在林中碰上了敌军，经过一场激战后，他们巧妙地躲开了敌人的追杀。就在德鲁克以为安全时，突然一颗子弹穿透了他的肩膀，剧痛从肩膀处传来，他看见队友焦急地跑过来，抱住他，替他包扎伤口。晚上队友一直喊着他母亲的名字，整个人都很悲伤。尽管两个人都很饥饿，但是没有人动身边的鹿肉，他们不知道明天会发生什么，所以不敢轻易动那棵救命的稻草。

他们度过了一个饥寒交迫的晚上。庆幸的是第二天早上部队找到了他们。其实德鲁克早就知道朝他开枪的人不是敌人，而是他自己的战友，因为在队友焦急地跑过来时，他接触到队友发烫的枪口，但是德鲁克还是选择谅解战友。他知道战友想独吞那块鹿肉，他也知道战友想活着回家见到自己的母亲，他选择默不作声，在心里默默地原谅了他。接下来很多年他都选择把那个秘密埋藏在心里，就如同把它封闭在一个宝盒当中埋葬在大海里，从不提及。

多年后德鲁克和他的战友一起去祭奠战友的母亲，他的战友当着他母亲的坟墓说出了当年的真相，并为此跪下来请求德鲁克的原谅。德鲁克告知战友他早就知道了事实，他也早已原谅了他。德鲁克的宽容让他选择去原谅了背叛他的人，从而获得了更真诚的友谊。

这个例子令人受益匪浅，有的时候你最信任的人或许会背叛你，但那只是他的选择，他选择了自己而没有选择你，你不能因为没有被选择而心存怨念。因为每一个人都有自己选择的权利，既然他选择了自己，没有选择你是一个事实，那就请坦然地面对它，毕竟没有人应该对你的人生负责。让我们以一颗包容的心去容纳那些曾经伤害背叛过我们的人，给别人一条宽敞的大道，总有一天你也会接收到另一个人所给你的大道。

我们常说："君子报仇，十年不晚。"这让我们潜意识里只记住曾经伤害过自己的人，如果是这样，时间一长，你心中的仇恨一定越积越多，甚至会伴随你一生。只有等到你快要结束生命的时候，才会幡然醒悟，自己才是心中仇恨的最大受害者。

所以人与人之间要和睦相处，不要轻易给自己树敌，就算是别人有错在先，也要先冷静下来。一个人正在气头上时，很容易意气用事，所以说出来的话、做出来的事都是没有理智的，就算是个平时说话相当谨慎的人，也会因为考虑不周而祸从口出。正所谓"冤家宜解不宜结"，尤其是朋友之间，反目成仇会造成终生遗憾。在和你的朋友产生矛盾的时候，不妨主动原谅对方，把矛盾消灭于无形之中，这对朋友还有自己都是一种精神上的解脱。

包容并原谅伤害你的人，就能让自己的人生多一分理解与赞美，少一分怨恨与敌视。只要你拥有了宽容的心态，把大事化小，任何事情都不会破坏你与他人的关系，这样你就能消除一切烦恼，这也是一个真正有智慧的人所必备的气度与心胸。

那么，我们该如何去坦然面对别人的背叛呢？

（1）设身处地地站在对方的角度想问题

设身处地地为他们想想为什么他们会背叛我们，每个人只会在触及自己利益的情况下，才会去选择伤害别人。那些背叛你的人，他们或许有一个不得已的苦衷，如果你站在他们的角度上去思考他们的问题，或许你更能谅解他们的背叛。

（2）以包容去化解生活中的矛盾

生活中，懂得包容别人，对双方的矛盾与误解装糊涂，从而维护大局，是成大事者的胸襟。别过于直白地针锋相对，才会维系和睦的关系，处理好场面上的事情。背叛往往是最伤人的事情，但如果我们以仇恨的方式去对抗它，换来的就是更多的仇恨。如果我们以爱和宽容去接受它，或许，它回馈给我们的就是更多的爱。

（3）朋友之间不记隔夜仇

任何朋友之间的意见往往是起源于一些具体的事件，而并不涉及个人的其他方面。事情过去之后，这种冲突和矛盾可能会由于人们思维的惯性而延续一段时间，但时间一长，也会逐渐淡忘。所以，不要因为过去的小意见而耿耿于怀。只要你大大方方，不把过去的事当一回事，对方也会以同样豁达的态度对待你。

第十章 借力心计学：把身边每个人都 当作你成功的帮手

借力登天、借势成事、利用人缘提升竞争力等，会让单枪匹马闯天下的你成为三头六臂，在运筹中找到自己的制胜之道，成就一番事业。什么都会做的人，不是真本事，能够让身边每个人为你办事的人，才最厉害。在他人的大树下面开辟一片新天地，这不仅仅是谋略，也是一种成功经验的智慧产物。

1. 借力优势：让贵人帮你成就大事

在人的一生中，人际关系固然重要，但并不是越多越好。重要的是，你要运用好，要在关系中找出对自己有较大帮助的人，有了这些人的支持，才会成就你成功的梦想。好风凭借力，送我入青云。借力优势就是从这一句名言而来，指的是在走向成功的过程中，脚踏实地靠自己的能力去拼搏当然重要，但若是能再得到贵人相助，就能事半功倍。

古往今来，有很多人善用人际关系，获得了巨大的成功。他们脚踏实地，从艰辛的路上一步步迈向成功的殿堂，仅仅是他们鸿运高照吗？如果是，这样的鸿运也是他们善于运用人际关系的结果。苏秦、张仪成为春秋战国时期的纵横家，离不开鬼谷子的点拨；卫青、霍去病成为一代名将，离不开汉武帝的提拔；诸葛亮南征北战，离不开刘备的知遇之恩。

　　寻找生命中的贵人，会使我们的人生如虎添翼，实现跨越式发展。会做人，才能赢得贵人的赏识，帮助我们成大事。俗话说，"一个成功者的背后，站着一群人"。社会学家曾做过一次调查：凡是做到中、高级以上的主管，有90%都受到过栽培，至于做到总经理的，有80%遇到过贵人，自己当老板创业的，竟然100%的人都曾被人提拔过。也就是说，很大一部分人成功，都曾受过"贵人相助"。

　　在韩国有这样一个小伙子：他曾受到过良好的教育，但家境贫寒。在他二十多岁的时候，他遇到了人生第一次重要的选择。当时他可以选择去美国当外交官，也可以选择去印度。去美国自然是风光无限，但是消费水平高，他需要挣钱补贴家用，所以他选择去了发展中的印度。

　　虽然目的地不是太称心，但这个小伙子到任后很快以自己的才气，引起了韩国驻印度总领事卢信永的注意，他发现这个小伙子谈吐不俗，思路缜密，办事沉稳，很多棘手的问题到了他手里都会迎刃而解。

　　卢信永非常看好这个小伙子，并牢牢地把他记在自己的脑海里。当然，在这个过程中，小伙子也意识到了一个问题：卢信永表面冷漠，内心热情，更可贵的是他有极其丰富的外交经验，并乐于向自己传授。

　　所以，这个小伙子更加谦虚地向卢信永取经，也更加卖力气地四处奔波，把领事馆的各项事务打理得井井有条。后来，卢信永担任了韩国国务总理，他首先想到的是十几年前在印度一起共过事的那个小伙子，立即推荐他到总理府工作，后来更破格提拔他担任了总理礼宾秘书、理事官。

　　小伙子的职务像坐了直升机一样，以至于他不得不为自己跑得太快而向自己的前辈、亲友和同事写信道歉："我晋升太快，很抱歉！"不过道歉归道歉，他依然继续高升，虽然也经历了一些坎坷，但他最后还是登上了联合国秘书长的讲台，他就是——潘基文。

　　华人首富李嘉诚说过："良好的品德是成大事的根基，成大事的机遇是靠遇到贵人。"寻找生命中的贵人，会使我们的人生如虎添翼，实现跨越式发展。卢信永就是潘基文一生中的贵人，如果没有卢信永这个伯乐，潘基文这匹千里马或许就会被埋没。但是，在这个过程中，潘基文并非被动地等待着被发现，而是靠自己的实力积极主动地去争取让贵人发现自己。

现在的你也许只是一个默默无闻的小角色，跟成功人士有天渊之别，但是对于一个善于经营人脉的人来讲，这也并非是遥不可及的事情。机会一旦落到你的面前，你就要牢牢抓住，用自己的真诚和付出让人脉茁壮成长。所以说，要想得到贵人的热心相助，你必须要注意以下几点：

（1）想要贵人帮，先要找老乡

"老乡见老乡，两眼泪汪汪。"对于一个漂泊在外的人来说，乡情是很浓的，离家越远越久，思乡之情就越浓。所以，身在外地，要寻找一个贵人扶助，老乡是最合适的人选了。

（2）要注意和贵人交往的方式、方法，做到不卑不亢、知恩图报

现实生活中，贵人往往在知识、技能、经验、人脉等方面有超过你的地方，对于这些，我们应该谦虚谨慎地学习，但注意不要过度地恭维，以至于到了溜须拍马让人感到肉麻的地步。同时也要注意的是，贵人在帮助你的过程中，也许会有一点点私心，他们的底线只是需要你记住他们帮助过你而已，但如果你一旦功成名就就立刻变脸不认人，做了"念完经打和尚""吃饱饭骂厨子""学会手艺饿死师傅"的主儿，恐怕你离碰壁就不远了。

（3）不要以贵人相助获得成功作为终点站，而要把它作为新的起点

有的人处心积虑，终于到达了人生事业的巅峰，从那以后就不思进取，沉醉在自己成功的喜悦之中不能醒来，这是很危险的，这不仅会让帮助你的"贵人"大丢颜面，更有可能让你跌入深渊，摔得很惨……

2. 巧借他人名誉，往自己的脸上贴点金

利用好人际关系是人生成功的重要环节，如何提高处理人际关系的能力，越来越为更多的人所重视。营造良好的人际关系，已成为事业成功的一个不可或缺的要素。与名人扯上关系，是许多人梦寐以求的。在不同的人际交往中，巧借名人关系，从而满足双方的需要，就会使大家的心情更加舒畅，关系更加亲密，有利于各自事业的共同发展。

借力提升人气，就是指借用朋友、老乡、同学、师生等各方面的力量，也

包括借用名人的声望地位，来解决你遇到的各种社交关系，提升你的竞争力，从而达到事业成功的目的。要想成就一番大事业，单靠自己一方面的力量是不够的。我们每个人都想被这个现实的社会承认，这是很正当的追求，对社会进步也有着积极的意义，而借助他人名誉提高自己的社会知名度，就是被社会所承认的方式之一。在力量不强大时，就要善于借助他人名誉，扛起有名望或有实力一方的大旗，寄人篱下，寻找大靠山。在他人的大树下面开辟一片新天地，这不仅仅是谋略，也是一种成功经验的智慧产物。

正所谓"借得名声好办事"，在生意场上有很多这样的例子。一些企业就巧妙地借用了当时的知名品牌把自己的名声打响，借用他们多年积累下的知名度抬高了自己。当然，抬高自己后，只有拥有足够的实力才能把自己的名声维持下去；如果只是借名而没有真正的实力，就只能抬高一时。所以，最为重要的还是要拥有足够的实力。在拥有足够的实力后，借名扬名就是迅速扩大自己知名度，扩大自己影响力的一招妙棋了。

著名主持人吴小莉之所以成名，与她善于走在领袖身边有直接的关系。许多人都记得，1998 年 3 月 19 日，在"两会"期间的记者招待会上，朱镕基总理首开先河地点到了吴小莉的名字："你们照顾一下凤凰卫视台的吴小莉小姐好不好，我非常喜欢她的广播。"

"两会"期间的逸事，使吴小莉顿时成为传媒界引人注目的明星，也是她的提问，使朱总理留下了激昂的宣言："不管前面是地雷阵还是万丈深渊，我都会勇往直前、义无反顾、鞠躬尽瘁、死而后已。"一个有声望的人即使是只给你一个平淡的字，也要比一千个普通人长篇大论给予的赞辞更有威力。

随着吴小莉知名度的提高，吴小莉主持的节目（《小莉看时事》）也成为凤凰卫视台的名牌节目。内地的传媒朋友对小莉说："在中国电视圈里，只有文艺类主持人容易成名，很少有新闻类主持人成为明星，你算是特例。"

世界上早已存在多年的东西，尽管其本质没有根本改变，但为什么一夜之间身价暴涨，成为家喻户晓的名牌呢？这就是借助名人和权威的缘故，借名人做广告、宣传，树立起了威信，从而提高了身份。攀龙附凤之心大部分世人都有，谁不希望有个声名显赫的朋友：一个明星或者大人物？如果能跻身于他们的行列,自己也便沾上了荣耀,在别人眼里也就身价大增了。

巧借他人的名声,往自己脸上贴一点金,这样办起事来要容易得多。有人或许会想,这合适吗?那么这个时候就看你是否能把握好一个度,所以这句话精辟的字眼就是那个巧字,适当地夸大自己和借助名人不仅不会坏事,反而会大大提高成功率。

道理就是这样,要想成大事,就该巧借他人名誉,往自己脸上贴金。为了成功,有的时候我们不能太按常理出牌,也不能脸皮太薄,而当你做到恰到好处的时候,那么成功也就离你不远了。

3. 借助团队的力量成功

每个人的能力都是有限的,善于借助他人的智慧才能拓展自己的发展空间,取得更大的成功。在历史上的"楚汉之争"中,刘邦能够打败项羽,从而建立西汉王朝,是与他的人才战略分不开的。刘邦在总结自己的成功经验时说过:"运筹帷幄、决胜千里,我不如张良;筹集粮草、保证运输畅通,我不如萧何;挥师百万,战无不胜、攻无不克,我不如韩信。"

同样,在一个组织里,一个人再能干,不可能单独完成一次团队的任务,只有整个团队的团结协作,把每个人的智慧和创新都融入团队中去,互相协作,善于沟通,充满关怀,才能克服任何困难。

在做事过程中,当凭一己之力已达不到目的的时候,你就不得不考虑别的出路,只有这样,你才能在这个社会创造出属于自己的一片天,而这条不寻常的路就是站到"巨人"的肩膀上去,在关键时刻赢得一臂之力。

牛顿是位伟大的数学家和物理学家。他有一句名言,那就是"如果我比一般人看得远,那是因为我站在巨人的肩膀上"。人们往往需要凭靠有钱有势有本领的"巨人肩膀"来实现自己的目标。学会与他人合作,增强自己的团队精神,这样更有利于自己依靠团队的力量成功。

华人首富李嘉诚曾说:"你们不要老提我,我算什么超人,是大家同心协力的结果。我身边有300员虎将,其中100人是外国人,200人是年富力强的香港人。"毛泽东就曾经鲜明地指出:路线确定之后,干部就是决定的因素了。这实际上就是借助他人智慧取得成功，实现发展目标的一种形式。

有一次，《明报》记者采访李嘉诚："您的智囊人物究竟有多少？"李嘉诚回答说："有好多吧！凡是跟我合作过，打过交道的人，都是智囊，数都数不清，比如，你们集团的广告公司就是。"

原来，当初李嘉诚在发售新界的高级别墅群时，曾委托《明报》旗下的广告公司做代理商。这家广告公司派人去别墅现场察看，发现别墅确实十分漂亮，然而美中不足的是四周的道路还没修好，恰好当天下雨，道路泥泞不堪。

于是，广告商向李嘉诚提议："能不能稍迟些日子，等路修好，装修好几幢示范之后再正式出售。这样不但售得快，售价也可标高。"李嘉诚听完不停地点头，感激之情溢于言表。

在李嘉诚的企业中，一些能干的人才都是从人才内阁逐渐进入领导内阁中的。举例来说，"长实"地产发展有周年茂，财务策划有霍建宁，楼宇销售则有女将洪小莲。霍建宁、周年茂、洪小莲，被称为"长实"系新型三驾马车。

20世纪80年代中期，"长实"管理层基本实现了新老交替，各部门负责人大都是30~40岁的少壮派。李嘉诚的左右手，还有一个显著的特色，就是聘用了不少洋人。李嘉诚认为，他聘用洋人是因为集团的利益和工作确确实实需要他们，用洋人管洋人，更利于相互之间的沟通。

还有重要的一点，这些老牌英资企业与欧美澳有广泛的业务关系，长江集团日后必然要走跨国化道路，启用洋人做"大使"，更有利于开拓国际市场和进行海外投资，因为他们具有血统、语言、文化等方面的天然优势。

李嘉诚说："决定大事的时候，我就算百分之百的清楚，我也一样召集一些人，汇合各人的资讯一齐研究。因为始终应该集思广益，排除百密一疏的可能。这样，当我得到他们的意见后，看错的机会就微乎其微。这样，当各人意见都差不多统一的时候，那就绝少有出错的机会了。"

一个人的强大不仅在于提升自身智慧，凝聚众人智慧更重要。如果我们能够总是抱着一颗坦诚谦虚之心，善纳忠言，广采博纳，凡人也可能成为超人。正因如此，李嘉诚广采博纳，融汇众人的智慧，在经商道路上实现了一次又一次跃进。李嘉诚自己不仅善于广采博纳，融汇众智，而且也这样要求下属，把

"用人"的学问发挥到了极致。

现代社会早已不是单枪匹马闯天下的时代了，这个时代需要你善于处理人际关系，利用群体的力量。其实，一个人善于借力可以达到四两拨千斤的效果，对于一个组织来说，一个人的力量是如此的渺小和微不足道，只有集体的力量，团队的精神才是克服困难的法宝，一个人无论怎样锐意创新，都是有限度的，只有团队的创新和发展才是无穷的。

所以，善于借助他人的智慧成事，要注意采取如下行动策略。

（1）发挥团队的力量

每个人的智慧是有限的，在许多时候不能发现身边事物的真相。因此，这就要求我们明确自己的使命，做一个出色的决策者，而不能跟随自己的情绪拒绝他人的意见。只有这样，才能发挥团队的力量、借助团队的智慧做出正确决策。

（2）能够听进别人的意见

干大事业的人，一方面一定要有自己的主意，另一方面还需要能够听进别人的意见。"兼听则明，偏听则暗"，一个事物存在着多个方面，想要全面、客观地了解一件事、一个人，我们不但要多角度考察，还要善于听从他人有见地的意见。

（3）实现组织内部信息共享

一个组织是由许多团队成员组成的，每个人都掌握着自己工作岗位上的第一手信息，要及时全面获取各个部门真实有效的信息，实现组织内部的信息共享，个人的成功也就自然而然了。

4. 洞察形势：让胳膊扭过大腿

机会是留给有准备的人的。这句话说的就是一个人要学会利用时机，借助形势的变化行事，借助他人的势力，即使环境恶劣，也能出奇制胜。古人讲，虽有智慧，不如乘势，虽有镃錤，不如待时。古往今来，大凡能够顺应形势、抓住机遇的人总能成就一番事业，而不能与形势保持同步者，就会受到形势的惩罚，四处碰壁，甚至落得个如大浪淘沙般被淘汰的可悲结局。

形势就是事物发展的状况，任何事物都有其固有的发展规律和趋势。刘邦看清了秦朝的残暴统治终究会走向灭亡，于是斩白蛇起义，最终建立了汉朝。李渊看清了腐败奢侈的隋炀帝杨广终究会败坏掉老爹杨坚辛苦打下的江山，于是在太原起兵，才有了大唐盛世。历史一次次地证明形势的重要性，更证明抓住了形势才能造就英雄。

其实，真正冠绝一时的人物都是有赖于时代的。他们之中并非个个都能生逢其时，或虽生逢其时却又不能因时而动。因此才有怀才不遇空寂寥，或是壮志未酬空悲恨。一个人要有所作为，就必须做到既纵观全局又体察入微，去洞悉形势并牢牢把握。

1924年，胡宗南报考黄埔军校。起初，他因为个子矮小而被辞退，后来得到廖仲恺的赏识，才被破格录用，分在第一期第四队。胡宗南的心理阴影并没有消散，他始终都在为自己的前途而耿耿于怀。

一天拂晓，胡宗南上茅厕的时候路过操场，隐约看到两个人在跑步。从声音判断，其中有一个人正是当时黄埔军校的校长蒋介石。"原来，校长有清晨起来跑步的习惯。"想到这里，胡宗南不禁灵机一动。

第二天黎明，胡宗南早早就起床了，悄悄来到操场上跑步。过了一会儿，蒋介石来了。看到有人抢在自己前面，蒋介石随口问了一声："谁？"胡宗南高声回答："报告校长，是一期学生胡宗南。"就这样，胡宗南天天早起跑步，每次都向蒋介石报告自己的名字。

时间一长，蒋介石头脑里对"胡宗南"三个字形成了深刻认识。此后，胡宗南接二连三得到蒋介石的垂青，仕途一帆风顺，成为同时代人群中的佼佼者。看清形势，把握机会，这是胡宗南人生发达的重要秘诀。

有利形势未来到时，你可以静若处子，但是真正有利的形势一旦来临，就要顺应时代潮流，动若狡兔，跟上形势。大家熟知的赤壁之战，就是刘备巧借形势，大败曹操，最终形成一方霸主的关键所在。

赤壁之战是历史上著名的以少胜多的战役。分析曹操失败的原因，个人的骄傲轻敌是主要原因，其次孙刘联手首尾呼应，也是重要的原因。那么，最终，这次战役的大赢家是谁呢？当属刘备了，刘备当时可谓很不得意，整天四处投靠别人，而且还常吃败仗，当曹操统一北方的时候，他还没有个立身之处。他受尽了别人的冷嘲热讽，吃尽了颠沛流离之苦，郁郁不得志，刘备当时借住荆州，没有半分自己的江山，他借助于孙权的势力，孙权军队擅长水战，不费自己一兵一卒，稳收战利品，自此，曹操势力削弱，刘备趁机夺取蜀地，有了三分之一天下。

凡成大事者，都是借势高手。他们敢借、能借、会借、善借、巧借，借出了一片新天地！人与人之间靠的就是一个"势"字而已，所以才会有势利一说。有人问世界首富比尔·盖茨为什么会成功，他说他的眼光好。有人问盛大总裁陈天桥你为什么在 30 岁就成为中国年度经济人物，企业营收 40 亿，他说不是他有多厉害，只不过是借着中国网络游戏快速发展的火箭上了天。他们的话语中都透露着一个道理，就是他们把握了当时的机遇，跟上了形势。

因此，人在江湖，江湖的规矩与形势你不得不计较。形势永远比人强，这是硬道理，你不得不服。因此，我们应做好以下几点：

（1）借势而发

俗话说，团结就是力量，团结可以团结的人，借助于彼此的实力，形成一股无法逾越的垄断力量，就会无往而不利，令你的对手不战自败。否则，孤军奋战，注定满盘皆输。

（2）布局和造势

如果面对的是强有利的形势，那么牢牢把握、好好利用，大业即可成。倘若是弱势面对强势，则需要寻求一种趋利避害的方法，那就是积极、主动地布局和造势。很多时候，打开人生局面，就是通过创造机会并在造势的氛围中实现的，这样就可以在打造关系、建立联系的过程中，成功掌握个人命运。当然，有利形势下一定程度的布局和造势也能够达到锦上添花的效果，更容易取得较大的成功。

（3）借助事物内在的力量因势利导

在处理各种关系的时候，既要善于抓住形势，又要能够借助事物内在的力量因势利导，更容易获得成功。就像大禹治水一样，采用疏导的方法，按照水的走势采取措施就容易驯服它，否则逆势而行，就会碰壁。

5. 东方朔定律：让聪明人成为你的得力助手

"物以类聚，人以群分"，说的是有着共同爱好、理想、性格的人能走到一起，发展关系、进行合作。道理很简单，大家能够说到一块儿、打成一片，才能心心相印。做人做事的过程中，把自己扮演成"我们是一个队伍里的人"，往往能获得对方的认同，尽得人心。

东方朔说过：得士则强，失士则亡。"士"，是我们所言的聪明人。集合众人之智慧，肯定比一个人的聪明绝顶有用成千上万倍。把自己扮演成"我们是一个队伍里的人"，每个人的智慧和创新都融入到团队中去，互相协作，善于沟通，充满关怀，才能克服任何困难。

正所谓"聪明的人永远都在做事，愚蠢的人永远都在发誓"，聪明的人皆是有用之才。成功者依靠聪明的人来拯救危局，对杰出人才不遗余力地千呼万唤，是事业反败为胜甚至发展壮大的一条重要谋略。一个人的财富再多、地位再高，也要放下身段与大家搞好关系、打成一片。做人的时候，善于合作、保持微笑、不搞小圈子，才能融入大家庭；做事的时候，顾及对方利益、学会换位思考、懂得合作共赢，才能尽得人心。

吴起是我国古代的军事家，智谋超人，善于用兵，给后人留下了《吴子兵法》一书。在《治兵》篇回答魏武侯"兵何以为胜？"的问题时，吴起说："统帅能与士卒同安乐、共患难，就能军队团结一致不离散，从而形成一个利益共同体，可以连续作战不疲惫，无论用它指向哪里都不能阻挡，这叫作父子兵。"

吴起是这样说的，也是这么做的。有一次，一个士兵身上长了毒疮，吴起就用嘴给他吸吮疮脓。结果，这位士兵和其他将士都深为感动，大家同仇敌忾、奋勇杀敌，极大地增强了团队战斗力。从中可以看出，吴起之所以能够每战必胜、震惊诸侯，是因为他能够与大家共安危，打成了一片，而不是高高在上、鹤立鸡群。

同样，唐太宗李世民开创了大唐盛世，而这与他善于广泛听取臣子意见、借助他人智慧密不可分。唐太宗一直思考怎样才能有效地治理国家的问题，宰相魏徵的意见是："任何人只听一面之词都会做出错误的判断。作为一国之君只有广泛听取意见，才能做出正确的选择。而善于借助他人的智慧才能使自己像大海一样，容纳更多的能量，增加自己的实力。"

在这个世界上，你如果想活得滋润，活得风光，就必须有一些能使自己成才、成器或成事的路子，包括生存的路子，发财的路子，升官的路子或者成就某一事业的路子。

通常，这些路子都不是能靠自己单枪匹马的力量硬闯出来的，必须借助他人指引、引荐、支持或帮助才能找到方向，踏上征程。从某种意义上说，这些路子都是别人给的，或者说是别人帮助开拓的。让聪明人成为你的得力助手，做成自己的事，这就要打造出自己的人际关系网，在你需要帮助时，会有人出来为你尽心尽力地帮忙。因此，善于借助聪明人的智慧成事，要把握好以下几点。

（1）做大事要懂人情投资

对中国人来说，人情就是面子。给对方面子，他才会认同你、感激你。等到有一天你需要援手的时候，对方才会雪中送炭，助你渡过难关、成就大事。所以，平时一定要做好人情投资。

（2）借助他人智慧使自己赢得成功

采取有效方式，借助聪明人的智慧取得成功。实现目标必须借助有效的合作方式，因此我们不仅要善于发现聪明人，也要会用聪明人，与他们建立默契与信任，让他们各施所长，成为我们的得力助手。

（3）凡事真诚相待

要做到细节真诚，而细节的真诚又来源于内心的真诚。"以财交者，财尽而交绝；以色交者，色落而爱移；以诚交者诚至而谊固"。某种意义上说，要把对朋友的关爱散发到点点滴滴的行动中，做到"润物细无声"。

（4）找对靠山，实现利益捆绑

有谁能够不依靠别人而做到成大事、发大财呢？即使当今世界顶尖级的富豪，李嘉诚、郭台铭、马云等老板，也不敢拍着胸脯说，全凭自己，不靠关系。商业盈利，靠的就是关系，包括消费者关系、客户关系以及员工关系。对生意人来说，这些人就是自己盈利的靠山。

下篇 **心计智慧**

这是一个弱肉强食的世界，是一个充满竞争与尔虞我诈的世界，要想在江湖中如鱼得水，你就得学点心计智慧。多一点心计智慧就好比获得了一个法宝，可以说，心计既防止别人伤害自己，同时也能够增强自己的能力，为自己创造更多成功的机会。

第十一章　社交心计学：不懂人情世故，
　　　　你还敢横冲直撞混社会

　　出来混的人，一定要懂人情世故！这是个最基本的要求。这个世界上，为什么有的人飞黄腾达，有的人穷困潦倒？大凡成功的人，无一例外都读懂了社会的本质和人际交往的潜规则，知道对方需要什么，知道对方脑子里在想什么，他们不仅把面子上的功夫做得很到位，还明白暗里的规则，并遵循着它们去做事。

1. 喜好效应：主动出击摸清喜好，方能和对方"投缘"

　　喜好效应就是要想钓到鱼，就必须要知道鱼喜欢吃什么。在人群中喜好实现的范围太广泛了，以至于我们不但在一些小事情上按照自己的喜好进行选择，在一些关乎我们职业命运的事情，我们还在"相信自己的感觉"，这种感觉往往就是指我们要依从我们内心的喜好。当然这也就衍生出了很多疑问，例如：为什么我的领导不喜欢我，为什么我的同事不喜欢我，为什么陌生的客户见我第一面，我就感觉到他不喜欢我？要想得到他人的好感，必须迎合他人的喜好，这种迎合的重要性是以强大的心理学作为武器的。

　　其实，多说一些别人喜欢的话，做一些别人喜欢的事情，不要主观认为这些言行虚情假意，而觉得不好意思，它们不是曲意迎合，更不是虚伪的奉承，而是一种为人处事的技巧，是一种处事的圆润，没准你就会因为这些"小聪明"而受益，办事的效率就会大大提高。

在我们的生活中，每个人都需要赞美，也都喜欢赞美。虽然有的时候也明白那些好听的话只是别人在奉承，吹捧你，但是在听到别人赞美的时候还是会喜笑颜开，心花怒放，对别人的好感也不知不觉中多了许多。

主动出击摸清喜好，多会与"拍马屁""马屁精""溜须拍马"等等联系在一起，感觉好说不好听，在思想上也常会对此不屑一顾，甚至极为排斥，至于"拍马屁"的人也会被深恶痛绝。事实上，"拍马屁"却一直与人同生共长。古代赵高、高俅、魏忠贤、贾似道、和绅等人，均是"一人之下，万人之上"位高权重之臣，虽然身处不同朝代，但同样凭借"拍马屁"的绝学，稳中有升，深受帝王喜爱。可见自古以来人就有着被恭维的需求，尤其是手握权力之人更是喜欢被人奉承。这正是人们常说的"千穿万穿，马屁不穿"。

杜肖是全公司业绩最好的业务员，和其他同事一样，杜肖在拜访客户之前也要花大致一周的时间来搜集整理客户资料，从客户姓名、联系方式，到家庭住址、办事风格等，不过与其他同事不同的是，他会非常注重收集客户的兴趣爱好，不搞清楚这一点，他绝不会出门与客户进行"面谈"。

在拜访某位 VIP 大客户之前，杜肖通过多方打听，得到可靠消息说该客户非常喜欢读书，尤其喜欢读《三国演义》，尽管《三国演义》的故事妇孺皆知，不过杜肖并没认真读过。以对方的兴趣为话题，最容易触动对方的心灵，可以迅速拉近彼此的心理距离，为了和客户有共同话题，杜肖专门购买了一本精装《三国演义》，并花不少时间认真仔细地读了一遍。

在拜访这位 VIP 客户时，杜肖专门在自己的公文包里随身携带了一本《三国演义》，从包中拿资料时，他状似不经意拿出了这本《三国演义》，并说道，"实在不好意思，我太喜欢看三国了，不知道怎么把这本书和产品资料放在一起了，您见笑了。"该客户一听杜肖也喜欢看《三国演义》瞬间就激动起来："呀，你也爱看三国啊！四大名著里我最爱看三国……"紧接着杜肖便和客户聊起了桃园三结义、火烧赤壁等，两个人谈得热火朝天，客户心情大好，情绪高亢，直呼自己遇到了性情中人。

当然，杜肖没有忘记自己拜访客户的初衷，他在客户自感相见恨晚时，适时说明了自己的来意，结果该客户二话没说直接同意签约，签约后还非常热情地邀请杜肖一起吃饭。

正如杜肖自己所说："谈判的成败与否，关键在于一张嘴怎么说、说什么，如果对方愿意停下来听你说话，那么推销往往就成功了一半。所以我通常都是从客户的喜好开始谈起，事实证明，谈论对方的喜好确实是一个很好的方法。"

当然，要想做到并且做好投其所好，必须做好以下几点：

（1）学会赞美别人

世界上最强的人是那些可以化敌为友的人。赞美敌人，敌人于是成了朋友；鼓励朋友，朋友于是成为手足。只要我们能够诚心地赞美别人，就能让对方感到温暖，就能让对方内心动摇。因此，要想说服他人，就要先学会赞美。

（2）满足他人的虚荣心

心理学认为人人都有虚荣心，当我们所说的话可以满足对方的虚荣心时，我们说话的目的就更容易达到。所以，不少销售人员都非常擅长给顾客戴高帽子，当顾客为此感到飘飘然时，销售人员才会推销商品，尽管这种推销方式并不一定是百试百中，但可以非常有效地增加销售成功率。

（3）要懂得察言观色

察言观色是人际交往的前提。人们都喜欢和那些与自己有共同话题、共同爱好，能够和自己产生共鸣的人交往。做到这一点，就要有一双敏锐的眼睛，要善于观察，发现他人在细微之处传达的有用信息，并适当地加以利用和赞美，当别人了解到你关注的地方正好也是他所喜欢的，你就会赢得对方的好感，进而增加彼此之间的信任，建立起良好的关系，这样就为进一步的交流打下了良好的基础。

2. 有些事做绝了，效果往往适得其反

有一位哲学家这样说过："要想做好一件事，你最好尽 3/4 的力量去做。"大多数成功人士都赞成这个观点。一位作家想写出一本好书，他只需要做出 3/4 的努力就够了。如果把全身心都耗在著书上，就会使自己变得紧张、急躁，并且这种负面的情感很容易倾泻在文字中，进而传染给读者。只使出 3/4 的努力

去著作，可以给自己和读者的感情都留有余地，在从容不迫中保持一份气定神闲的韵味，也在心灵上与读者完成良好的沟通。

其实，在这个纷杂的社会之中，机遇与挑战并存，我们如何做到在激烈的竞争中立于不败之地？正所谓过犹不及，物极必反，办事要像厨师烧菜，拿捏好火候才能做出美味佳肴。反之，火候太过，做事太绝，到头来再完美的原料也会沦为焦炭。

人生于世，说话做事都是一门学问，如何把话说得通透，把事办得明白实则并非易事。为人处世时刻要记得给自己留出一定的余地，以备不时之需。世间万物大多如此，凡事在开始的时候都需要尽力地去准备，然而另一方面要保存一部分力量，避免一狠到底的负面效果。所以，说话办事必须看清火候、掌握分寸，而这有赖个人的拿捏。显然，针对不同的人，不同的事，知轻重、识进退才能在社会上站得住、吃得开。

丙吉曾是西汉的宰相。他的车夫是驾车的好手，能够把车驾得既快又稳。但是这个车夫却喜欢喝酒。一天，车夫刚喝点酒，丙吉就传令备车。车夫摇摇晃晃地走了出来，把车备好。这次，丙吉是去参加一个仪式，十分高兴，衣着也很华丽。丙吉出来后，就闻到一股酒气，心中已经有些不快。丙吉刚走到车前，车夫突然忍不住，不仅吐了一车，还吐了丙吉一身。丙吉的属官当即破口大骂："左右给我拿下，打出相府，永不录用。"

这样一来，车夫的酒被吓醒了。自知闯了大祸，跪下向丙吉求饶。旁人觉得他要倒霉了。谁知丙吉不动声色地说："以醉酒的名义赶走一个有用的人，那他以后就没有立足之地了。只要不再犯即可。"于是车夫对丙吉感激不尽。

有一次，车夫外出，正碰上一位信使送紧急信件，事关匈奴大兵侵犯云中郡和代郡。车夫顾不上自己的事，马上回去禀告了丙吉。最后还建议丙吉及时统计这两个郡不能胜任的官员，以备皇上问起。果不其然，皇上几天后召见丞相和御史大夫，询问相关事宜。丙吉对答如流，得到了皇上的大力赞赏。

丙吉就是因为宽容别人的过失，给别人出路，最后才得到了回报和帮助。其实，为人处世，遇事都要有退让一步的态度才算高明，让一步就等于为日后的进一步打下基础。给朋友方便，实际上是日后给自己留下方便。这就是做事留有余地的鲜明印证。

生活处世，就得与人打交道。因此不免会出现这样那样的过失矛盾冲突误会等。这个时候，怎么处理和应对这些事情，可以说是一门学问，还能够体现出一个人的道德情操，人格修养。兵家所说的"穷兵黩武"，往往说的是做得太狠以至于血本无归。古人说弓满则易折，因此为人处世切忌用力过狠。搞实业的人最忌讳把鸡蛋都放在一个篮子里，最好是选择分散投资。总之，凡事给自己留一点余地、留一分轻松，这样就会多一分从容、多一分洒脱。

人与人在交往的过程中也该如此，做什么事也都不要做得太绝了，多为他人留一点余地，方可为自己留下回旋的空间。俗话说，"做人留一线，日后好相见"，一个人不论身份高低，只要你想融入社会、融入人群，就时刻需要得到别人的赞同和肯定。所以，凡事都要想到他人的感受，照顾到对方的利益，多留给别人一点机会，等于多给自己创造了一分机会。

（1）做人做事应在一个"忍"字上下功夫

凡事给自己留一点余地，给别人出路，应该在一个"忍"字上下功夫。学会忍耐他人的小缺点，小错误，甚至忍耐有时的不公和无礼。心胸开阔，气度卓然，能够忍耐的人，肯定能看到更为广阔的天空。

（2）要学会勇于宽容别人

勇于宽容别人，这既能尊重自己，又能赢得别人的尊敬，这也是做人的基本要义。现实生活中，许多人说话做事总是不给人留下余地，经常搞得对方尴尬。其实换个角度想想，如果我们自己处在这种状况，当然是希望得到别人的宽容，那么我们也一定会怀着感激的心去对待宽容我们的人。所以，最大受益者还是勇于宽容别人的人。

（3）留一步，让三分

这是一种待人留余地的美德和糊涂哲学。如果遇事穷追不舍，于人于己都没有好处。聪明人，特别是做事有"尺度"的人，都会适当考虑别人的想法，留下回旋的余地。

总之，有些事做绝了，效果往往适得其反。不给别人留有余地，自己也将没有了出路，最终也是自食恶果。广厦千间，夜眠七尺；弱水三千，不过只能取一瓢饮。人，应该满足于既得，适可而止。不可既已得尝鲜鱼，又想饕餮熊掌，最后"为贪天边月，失却手中珠"。人性贪婪，不懂舍得，舍得、舍得，有舍才有得。过分的贪欲，使自己失去了清明的心境和睿智的目光，"身后有余忘缩手"最终满盘皆输，身败名裂，徒留后人作笑谈。

3. 别因直性子破坏了来之不易的关系

古人有云：创业容易守业难。在人际交往中也是这样。建立关系不容易，维护关系更是难上加难。有些人辛辛苦苦积累了人脉，却因自己一时性子直而吃了大亏。在人际交往中，一定要确定什么事可以不认真，什么事需要认真，在非原则性的事情上装一下糊涂，既不会破坏和他人之间的友谊，又体现了良好的素养，这样才会拥有越来越多的朋友。不因直性子破坏来之不易的关系，不仅是维系关系和睦的基础，也是成大事者的基本素养。

性格耿直的人，给人安全感，容易得到他人信任。但是，由于不懂得变通、忽视对方的心理感受、过于锋芒毕露，进而毁掉各种关系、把事情搞砸，其危害性远大于其收益。古往今来，因为性格耿直而导致人生失败的情形屡见不鲜。活在今天，你不仅要以诚待人，还需花些心思体察人性、洞悉人情，从而迎来人生的坦途。

其实，谁都愿意听好话，这并不是做人的虚伪，而是一种人性和心理的需要。与人交往，直性子的人往往不顾及别人的面子，在众人面前口无遮拦，被攻击的人自然对他也再无好感，没有被攻击到的人也会因为察觉到现场的气氛而尴尬至极，不知所措。因此，直性子的人在人际交往中往往受到别人的排斥，不受欢迎。

在中国历史上，广为人知的竹林七贤中，嵇康就是一个因为耿直自傲而吃亏的典型例子。阮籍和嵇康虽然同是风流潇洒之人，但因为个人性情不同，便有了完全相反的宿命。阮籍表面上猖狂放荡，但内心却十分精明圆润。尤其在官场上，他更是将自己的性格和特点完美地结合在一起。

在为人处世中，阮籍从不轻易开口说话，不轻易评价别人的好坏高低，表达自己的观点时也是措辞有致，言语婉转。因此得到司马昭父子的喜爱，有了强大的靠山。尽管有很多人想要加害于他，最终也没有得手。他的聪明既成全了自己也保护了家人，既保全了自己的安稳，也不失掉"贤人"的名号。

但对于嵇康来说，与阮籍正好相反。同样的博学多识，同样的精通音律，嵇康因为性情刚直，刚愎自用，不懂得委婉圆滑，最后落得被他人诬陷杀害的结局。当时，钟会是当时极具聪明才智的人，也是深受司马昭亲厚信任之人。他听闻嵇康博学多识，精通国学，便慕名去拜见嵇康。嵇康见到钟会前来拜见，不仅不以礼相待，反而对他怠慢不理，端坐在主位一言不发。

这样持续了好一段时间，钟会自觉无趣，只好拂袖而去，这时，嵇康才开口道："何所闻而来？何所见而去？"钟会回答道："闻所闻而来。见所见而去。"

这次的拜访，嵇康可谓实实在在地得罪了钟会，而钟会也在心里牢牢地记住了他。后来嵇康被其设计陷害，最终被司马昭下令杀死。其实，嵇康并不是愚笨不知道世事险恶，追根到底还是他那耿直傲慢的性格害了他，以为自己才高名盛就妄自菲薄，不懂得官场的生存法则，不懂得退让与委婉。

其实，生活中的许多事情并不是你一个人能够掌控的，何必因为一点点误解和矛盾就大动肝火呢？如果双方调换一下位置，想想他人的感受和需要，你自然会明白应该采取怎样的行动，从而获得圆满的结果。

待人处世，最大的忌讳就是因为一时之气争个你死我活。倘若赢了，即便向世人证明了你的观点，你所得到的结果与你为此事所付出的代价相比也是微不足道。倘若输了，更是赔了夫人又折兵，不仅花费了精力，还没有得到自己满意的结果。这又是何必呢？

人际交往中切记不可太认死理。人非圣贤，孰能无过，与人相处需要相互谅解，求大同而存小异，能容人，这样你就会拥有很多朋友。相反，过分挑剔，眼里容不得沙子，人家就会远远躲着你，唯恐避之不及。与人打交道时，有些事情无法解释，又何必说清道明。在不违背自身原则的前提下，装一次糊涂，为长远打算，暂时受点委屈，也未尝不可。"不争为争"，正是我们面对世道不公、人世不公、待遇不公的处世哲学。

4. 留面子效应：让人没面子，吃亏的是自己

回想一下你是否有过这样的经历，当朋友向你提出借一万元的时候，你不是很情愿，想要搪塞过去，结果朋友转口又说，"那借一千元也行。"这时你则会立刻借给对方，甚至还会有些感激对方只是借一千元。可是试问，如果对方本来就想跟你借一千元，你还会借给他吗？

这就是心理学上所说的"留面子效应"，人们往往会有一种因自己能力不够未能帮到对方的负疚感。这时候，为了恢复自己的友善形象，也是为了宽慰自己，便会十分乐意接受对方提出的降一级的要求。

给人面子，就是给自己一份厚礼。人人都爱面子，所以就难免会在"面子"的问题上较真、计较。有时，为了"面子"，小则翻脸，大则会闹出人命。这是一个我们为人处世绝对不能触犯的禁忌。所以，使人没有面子，吃亏的不是对方，而是我们自己。

"面子文化"是一种独特的心理现象，单纯否认它没有任何意义，相反我们要注意这种微妙的细节对个人心理状态的影响，才能与人正常交往、把事情办好。《圣经·马太福音》里有句话："你希望别人怎样对待你，你就应该怎样对待别人。"真正有远见的人，不仅要在与人的日常交往中为自己积累最大限度的"人缘儿"，同时也会给对方留有相当大的回旋余地。

让人没面子，吃亏的是自己。俗话说，"得饶人处且饶人"，就是在危机时分给对方一条生路，让他有一个台阶下，为对方留点儿面子，好有回旋的余地。得理不饶人，让对方走投无路，把对方"赶尽杀绝"，就有可能激发起对方的斗志。置之死地而后生的结果往往是"不择手段"，结果受伤吃亏的还是自己。因此，当对方明显理亏的时候，不如放对方一马，给别人一条生路就是给自己一条后路。

"面子"到底是什么东西呢？面子说白了就是尊严。谁都希望自己在别人面前有尊严，被人重视，被人尊重。因此，现实生活中，既要为自己争得面子，同时也善于给别人留些尊严。

春秋战国时期，发生过这样一件事，当时，齐国大夫夷射陪着齐王喝酒，两个人无话不说，非常尽兴。宴会结束后，夷射由于醉酒就坐在门廊上休息，

这时守门人请求他赏赐一点美酒，结果有些醉酒的夷射没有答应，粗鲁地回绝了对方的要求。守门人感觉受了很大羞辱，决定报复夷射。

等宴会散场后，守门人在门廊下泼了一点水。第二天清晨，齐王出门时看到模糊的水迹，就愤怒地问守门人："大胆，谁敢在这里撒尿？"守门人说："昨天晚上我看到夷射喝完酒在这里站了一会儿。"齐王听完后非常生气，觉得夷射当面一套背后一套，于是不容分说就把他杀了。

且不论这个历史事件折射出的人性的对错善恶，我们可以明明白白晓得的一点就是，夷射没给守门人酒，驳了对方的面子，最终导致自己丧命。虽然有些冤枉得让人唏嘘，但是我们更应该谨记这一历史教训，不让其在任何一个人身上重演。

在人际交往中，适当地运用"留面子效应"，欲得寸，先进尺，还能够在某些特殊的情况下，消除对方的不满情绪。比如和朋友约好一起吃饭，你有事耽搁要迟到，你可以先打电话过去，告诉对方自己有要事缠身，可能要晚一个小时，朋友自然会生气。但是当你提前半个小时就到了的时候，朋友会怒气全消。

不过"留面子效应"在使用上要注意自己和对方的亲密关系程度和你的要求的合理程度。不能够触碰到对方的根本利益，不能有损对方的荣誉。关系也应该是一些比较亲近的朋友，对于陌生人，不管你是借一百块还是十块钱，都是不太现实的。

人际交往是个体自我价值意识最重要的来源，他人的不愉快正是个体不愉快的原因之一。因此，在社交中，双方其实都更加倾向于大家都会满足的行为。一旦无法满足时，出于内疚，他们便会接受另一个较小的要求。但是任何事都是双刃剑，要合理利用"留面子效应"，时刻牢记"己所不欲勿施于人"。

事实上，中国人最大的特点就是爱面子，我们无论做什么事都会考虑到自己的面子。不说狠话和绝对的话，不做太过决绝的事情。在人际交往中，给对方留足面子，保持应有的低调和谦逊，凡事预留下回旋的空间，这样才能让自己的路越走越宽。

（1）不要把别人逼向绝路

留余地，其实包含两方面的意思：一方面，给别人留余地。无论在什么情况下，也不要把别人推向绝路，万不可逼人于死地，迫使对方做出极端的反抗，这样一来，事情的结果对彼此都没有好处。另一方面，给自己留余地，让自己行不至绝处，言不至于极端。有进有退，以便日后更能机动灵活地处理事务，解决复杂多变的问题。

（2）冤家宜解不宜结

世上没有什么解不开的结，关键在当事人能否放得下心中的郁结。把事情看得淡一些，问题解决不了也要给对方留下回旋的余地。否则，过分的计较不仅浪费了时间和精力，还会树立敌人，反而得不偿失。

（3）在批评他人时，我们要学会给对方巧留面子

工作中，每个人都无法避免错误和过失，只有傻子在与他人交往的过程中，才会把话说死、说绝，不给自己留余地。例如："你真笨，如果换了我，早就搞定了。""你难道没长脑子吗？动手前先想想呀！"像这样的讽刺挖苦，只能让人颜面扫地。因此，我们应当处处为对方着想，即使是批评也应该在保全对方面子的基础上巧妙批评。

（4）势不可使尽，事不可做绝

"八面玲珑"并非人人都可以做到，对于周旋于复杂人际关系之中的每个人来说，必须掌握一个重要的底线是：不要把话说死，不要把事情做绝。正所谓"势不可使尽，话不可说尽，福不可享尽，规矩不可行尽，凡事太尽，缘分势必早尽。"

5. 掌握分寸，人情不远不近

物以类聚，人以群分，在与人交往中，掌握好分寸，尤为重要。朋友之间，需要保持一定的距离。无论是怎么样的朋友，无论关系多么密切，距离都非常重要。交友不可强求，不可心切，不是什么人都可以成为朋友的。再好的朋友之间也应该随时保持距离，因为距离是朋友的氧气。车与车太近，准出车祸；人与人太近，准出矛盾。适当的距离不仅是必要的，而且是必需的。有了距离的友谊，才有可能长久。

人际关系重在通过把握尺度用真心与人交往，但前提是，一定要时刻清楚自己的位置，自己的身份，做一个有修养的人，才不会因为权限的逾越而引起

对方的不满，所进行的交往才是最有效的。

其实，无论哪一种社会交际，人与人之间都要有一定的空间距离。这种空间距离不但界定了交往的形式，而且确定了交往的广度与深度。可以说，社交距离的远近，大致确定出相互间的亲疏程度。因此，人们在日常工作与生活中，要善于把握交际的空间尺度。尤其是企业中下层管理者，涉足的面宽、对象广，更应该自觉运用交际的空间距离长短，把握好交际形式，有效进行人际交往，协调好各种关系，以推动管理工作的顺利进行。

朋友之间保持一定的距离，也有另外一层意思，无论多要好的朋友，都不应占用对方太多的时间，不应过多介入对方的家事，不要经常性地无事拜访或经常做不速之客。很多人误以为好友之间应该无话不谈，亲密无间，却不晓得过多了解别人的隐私和过多介入别人的生活于人于己都是负担！无论你和朋友多么知心，都须明白"疏不间亲、血浓于水"的道理。

小王毕业后进入了一家出版社工作，要说这个小王，也确实十分懂礼貌。每次看到同事，他都热情地抢先打招呼，一脸笑容，客气得不得了。不仅如此，来上班不久，他就开始请客吃饭，甚至还买了一堆小礼物，分送给各位同事。对于领导郭军，小王更是尊敬有加，不仅常常送礼，而且还经常去郭军家帮助干家务，那叫一个厚道和热情！

进公司不到一个月时间，同事都对小王的热情起了疑心。没过几天，郭军决定找他谈一谈。当时，郭军就说出了心中的疑惑："你是不是对现在的位置有什么想法？"这下子，小王可就难以辩解了，他心里非常后悔，后悔自己不该一来新单位就在待人接物上热情得过了头。

郭军看他沉默不语，就张开了自己的嘴巴，让小王看了一眼。然后，他问道："你能看得见我的牙齿吗？"小王很奇怪，领导为什么要问这个问题呢？不过，他还是据实回答说："能看见。"听了小王的回答，郭军接着问："那么，我的舌头呢？"

小王又说："也能看见。"郭军听了，又问道："那么60年后呢，牙齿和舌头还会在吗？"这时，小王像领悟了一些什么似的，立即回答说："牙齿可能会掉光，但是舌头一定会在，而且完好无损。"于是，郭军说出了背后的深意，同时也是在劝导小王："你明白了吧，牙齿因为太坚硬，老是与各种食物，甚至与它们自己碰来碰去，很早就掉光了。可是，舌头却不同，它虽然柔软，却不参与各种争斗，最终得以保存自身，因而能伴随人的一生。"

小王听了，彻底明白了领导的心意，虽然说"礼多人不怪"，但自己做过了头，太讲究礼数了，惹得别人生出了疑惑，也会让自己吃过犹不及的亏。领导所说的牙齿和舌头的比喻，就是在警示自己，必须明白"弱则生柔则存"的道理，懂得顺势而为，不偏向、不依赖于任何极端做法，完好地保存自身的道理。

其实，什么事情都要有个限度，要想在交际中游刃有余，你就必须注意交往的尺度和距离，因为太近或者太远都不利于彼此之间的交往。一般情况下，人际交往分为：情友交际、同事交际、业务交际和公共交际四种。这四种交际由于性质与形式不同，必须在一定的空间距离中展开。多数情况下这种空间距离是有规有序的，不能人为打破，否则交际就会出现障碍，甚至中断。

在人际交往中，如果距离太近了，反而体会不到友谊的和谐之美。也许你会说这不是挺好吗，彼此之间没有秘密，能够做到足够的坦诚，朋友之间是需要坦诚的，可相互坦诚并不是无限度的，任何人都需要有自己的空间，哪怕是最好的朋友，也不能闯进对方的私密空间，否则你将会因为你的冒失而失去友谊。

朋友，需用心去经营，需有一定的艺术性。不是在说教，而是有切身体会的。的确，人生在世，不能没有朋友。有歌词曰："朋友多了路好走。"人们也常说，"在家靠父母，出门靠朋友"，多一个朋友多一条路，多交几个朋友总是会有益处的。但是，朋友关系不像父子和夫妻关系那样，事关亲情和法律，也不像上下级之间，有制度和法律的约束，聚也容易散也容易。所以，交友不但要慎，而且朋友之间也应该随时保持距离，把握好交往的分寸。过于亲密或者过于疏离都不利于长久地保持友谊。

交朋结友本来就是双方的事情，不能由着自己一厢情愿，而应当尊重对方，耐心地等待对方。友情需要距离的度量。有距离才有吸引，心灵也才能保持独有的空间。古人曰"与朋友交，敬而远之"，敬也就是保持一定的距离。俗语也说"过近无君子""有距离才会有美"，说的也正是这个意思。保持适当的距离，是朋友的距离。

第十二章　说话心计学：口对口的
交流，就是心与心的战斗

有句名言是，"宁可把嘴巴闭起来，使人怀疑你是浅薄，也不要一开口就让人证实你的浅薄。"为什么话没少说，口才却得不到周围人的认可？答案很简单，因为你没有把话说到"点子"上。"一句话说得人笑，一句话说得人跳。"能否把准听者的"心理脉"直接关系着说话的成败，如果说话时丝毫意识不到听者的心理变化，只顾自说自话，那么结果可想而知。

1. 准备些"糖衣炮弹"，人人都希望被赞美

在待人处世中，直言是一把伤人伤己的双面利刃，而不是披荆斩棘的开山刀。与人交流时，应该"投其所好"，多说一些好听话，顺心话。直言直语一不小心就会伤人，而好听话谁都不会拒绝。所以，在与人交往的过程中，不妨多准备一些"糖衣炮弹"，哪怕是再有原则的人，也禁不住糖衣炮弹的袭击，只要我们学会了这样的处事技巧，那么，就没有不能交朋友的人，也没有恶语相向的对手，既然如此，那么，又何乐而不为呢？

《红楼梦》里，王熙凤是一个嘴巴很甜的人，喜欢说一些中听的话，博取了贾母的欢心。说话时要婉转地表达自己的观点，学会换种方法交流。在别人面前，不妨多说些好听话，别人听着心里舒服，于你也不会有损失，可以说是

一举两得的事情。

　　喜欢被赞美是人的一种本能，从心理学角度来看，人们对自我的认同一部分是来自对自我的认知，而另一部分则来自他人对自己的肯定和赞赏。其实，就说话本身而言，无所谓好坏、得失。但从听者而言，却有合与不合的问题，如果说话直来直去，没有"心机"，不仅会伤人自尊，也会反伤自己。说话太过直来直去，就很容易伤人自尊，甚至有可能伤及自己。嘴巴甜、说好话，并非一味阿谀奉承他人，而是要懂得根据不同场景恰当表达，做到让人喜欢、令人满意、与人为善。这样一来，才能在待人接物方面有所长进，自己的人生境界才能更上一层楼。

　　毫不夸张地说，赞美是世界上最好的化妆品，它可以让一个冷漠的人瞬间变得热情，也可以让一个内心悲伤的人，从内心深处生出丝丝暖意，也正是因为这一点，常常被赞美的人往往显得自信而活力四射，而被批评的人则更容易自卑。所以要想有一个好人缘，首先要长一张"甜嘴"。

　　乔治·伊斯曼成为世界上有名望的商人之后，就在曼彻斯特建了一所伊斯曼音乐学校，不但如此，在学校的旁边还建了一座著名的戏院。这座戏院有两幢大楼，戏台的两边需要大量的座椅。当时，纽约高级座椅公司的总裁亚当森非常想得到这笔订单。于是，他就找到了大楼的工程建筑师，并请求工程建筑师，给他引见伊斯曼先生。

　　经过再三地恳求，工程建筑师终于同意了亚当森的请求，答应给他引见伊斯曼先生，在此之前，这位工程建筑师再三地对亚当森提出忠告："我只能把你介绍给伊斯曼先生，但能不能争取到这笔生意，全靠你自己了。还有一点，你一定要记住，伊斯曼先生通常用五分钟的时间结束这样的拜访，如果你在五分钟之内，没有谈下这笔生意，那你就一点希望也没有了，他说到做到，他很忙。所以，你得抓紧时间把事情讲完就走。"

　　工程建筑师把亚当森领进了伊斯曼的办公室之后，看到伊斯曼正在处理一堆的文件，听到脚步声的伊斯曼抬起头说道："早上好！先生，有什么事吗？"

　　工程建筑师为他们做了彼此引见之后就离开了。"伊斯曼先生，刚进您的办公室，我就被它吸引了，假如我也有一间这样的办公室，就算是再辛苦，我也不在乎。您知道，我从事的业务是房子内部的木建工作，我见过很多人的办公室，没有一个能比这更漂亮的办公室了。"亚当森满脸诚意地说。

伊斯曼笑着说："您这一提醒，我差点忘记了我的办公室这么漂亮，当初刚建好的时候我对它也是极为欣赏。可如今，许多别的事情占去了我大部分的时间，以至于我一连好几个星期都顾不上看这房间一眼。"

亚当森走了过去，用手抚摸着墙上的一块镶板，像是抚摸一件心爱之物。"这是用英国的栎木做的，对吗？英国栎木的组织和意大利栎木的组织就是有点儿差别。"

"这是一位专门同细木工打交道的朋友帮我挑选的，他和我说，英国的栎木要比意大利的好，所以我就选择了英国进口的栎木。"伊斯曼答道。

接下来，亚当森在伊斯曼的带领下参观了屋子的每一个角落，并把自己的得意之作——指给亚当森看。还讲了早年他创业的奋斗历程。

就这样，他们不知不觉地聊了两个多小时。亚当森对伊斯曼引以为荣的东西，都大加赞赏。可想而知，亚当森轻而易举地取得了两幢楼的座椅生意。

赞美的语言虽然让亚当森得到成功。然而，若是赞美不当，就如同隔靴搔痒，不仅起不到好的作用，反而会引起对方的反感。俗话说，嘴巴甜一甜，胜过三斗田。不过，说好话，并非一味恭维，如何把话说得好听一些，关键是，要掌握好具体的情境、拿捏好对方的心理，采取有针对性的策略，才能取得预期的效果。

（1）赞美也要把握尺度

俗话说：打蛇要打七寸，同样，赞美客户也要抓住客户最引以为傲的地方。如果言过其实，或是言不由衷，不但令人生厌，对方也会怀疑你的真实目的。

（2）要有一份诚挚的心意及认真的态度

言词会反映一个人的心理，因而有口无心，或是轻率的说话态度，很容易被对方识破而产生不快的感觉。再者，奉承别人时，也不可以讲出与事实相差十万八千里的话。因此，说话时时要坦诚。

（3）抓住优点，巧妙赞扬

知道如何赞扬他人的人，不仅可以为自己营造出正面、和谐的氛围，还可以获得良好的友情回馈，丰富自己的人际资源，更为重要的是在赞扬他人的习惯中养成热情积极的人生态度、宽容的胸怀和博采众长、知人善任的管理组织能力。

2. 说话要掌握分寸：言拙意隐，语缜密不伤人

人们在社会上不管是与人交往，托人办事，都少不了要搬弄唇舌与人说话，传递信息，沟通感情，交流思想。这里就有正确说话办事的差别，一句话能把人说笑，也能把人说恼，完全在于我们的掌握。如果不顾及说话的对象，肆无忌惮地畅言，一不小心，就会踏进言语的雷区，触到对方的隐私和短处，犯了对方的忌讳，不但会话不投机，断了机会，还会给对方造成一定的伤害，自己也落得下不来台。

其实，说话也是一门艺术，尤其是中国文字的博大精深，稍微换一个字，意思就可能天壤之别。有时更是"说者无意，听者有心"。在这种无意的情况下，伤害也已经造成，同样会导致以后对自己不利的局面。因此，说话要看对象，尽量了解、尊重对方。要学会在不同的场合，针对不同的对象说不同的话，当着矮子不说短话，争取避免祸从口出的灾难从天而降，无法全身而退。

说话要掌握分寸。比如，现实生活中，当着"矮子"，不仅不说"短话"，而且要专门找"长话"来说，毫不吝啬地赞扬对方的长处和优点，巧解对方的心结。这样，谈话才会投机，沟通才会顺畅，人际关系才会和谐温馨。

三国时期的刘备是蜀国的开国皇帝。刘备虽然胸怀大志，但是相貌上有一大弱项——胡子稀少。在古代，男人是很在意胡子的，关羽因为漂亮的胡子，而被称为"美髯公"。而刘备胡子稀少，因此在许多人看来缺少了男子汉气概。

第一次进西蜀时，刘备因为初来乍到，在他人屋檐之下难免要低头。这时候，他放低姿态，极力想讨好益州州牧刘璋和他手下的官员。在酒席中，刘备态度谦恭、说话低调。结果，刘璋的臣属认为刘备其实也不过如此，飘飘然起来，甚至出言不逊。

这时候，长着一把大胡子的张裕有些嚣张地要与刘备比一比胡子。刘备顿时陷入了尴尬，而张裕不依不饶，并开起玩笑来："长须美髯才够得上男子汉大丈夫，那些嘴上少毛的人，哪有大丈夫的气概啊？哈哈！"刘备明显听出了张裕嘲笑的意味，但是并没有发作，勉强微笑一下，又很快恢复了谦和的姿态。

当时，刘备在刘璋的地盘上，自然懂得要忍辱负重。因此，即使有人这样

触碰刘备的逆鳞，他也忍了下来。半年之后，刘备领兵攻下益州，成了蜀国之主。此时，他大权在握，自然不会让当时让他下不来台的人有好下场。诚然，刘备后来有失君子风度，但是张裕"当着矮子说短话"着实犯了大忌，才会因口无遮拦招致杀身之祸。

由此可见，别人的短处是揭不得的。现实生活中，应切记说话要看对象，不要盲目地套近乎，给自己惹来麻烦。度量人心，是与他人顺利交往的关键。别人不喜欢的东西，就不要迎上去示人。言为心声，如果你在说话中戳到了对方的短处，自然让人横眉冷对。对方看到你的敌意，又怎么会以友好的态度面对你呢？与智慧型的人说话，凭借的是见闻的广博；与见闻广博的人说话，凭借的是辨析的能力；与善辩的人说话，就要简明扼要；别人不愿意做的事情，就不要勉强；对方所喜欢的，就模仿而顺从他；对方所讨厌的，就避开而不谈它。能做到这些，就算利用好你的舌头了。

其实，生活有禁忌，做人有禁忌，说话更应该有禁忌。如果说话不讲究分寸，张口即来，毫不考虑后果，那么人际关系就会遭到破坏，求人办事也会一无所成。说话时还是不要横冲直撞，要学会巧妙地变换方法，婉转地表达自己的观点。

生活是很复杂的，由于种种原因，有时候难免会遇到让人尴尬的境地。我们需要避免这种揭人短的情况，就要在日常与人交往中做到以下几点。

（1）换位思考

即使是为对方着想，好心好意地提出建议和意见，也要注意说话的方式和场合。试着多从对方的角度考虑他的感受，给予对方充分的尊重，那么这时候的建议也就会较容易被接受。

（2）学会维护对方的尊严

人与人之间的关系都是相互的，将心比心是相处的良策。明知对方忌讳某些东西，在某些方面存在着不足，就不要指出来，更不能去触碰。如果你能时刻维护对方的这份尊严，那么自然能得到他们的认同，会换来天下归心的那一刻。

（3）言拙意隐，语缜密不伤人

"含蓄不露，用意十分，下语三分"。言辞谨慎，应不漏锋芒。含蓄是一种大气、一种风度，真正会做人的人，总是含蓄的，总是懂得明明占理十分只说三分，总是记得"得理也让人"。

3. 宁可犯口误，不可犯口忌

说话的艺术是一个人道德修养的主要体现。某人一句随便说出的话，却弄得别人十分"不得意"，有点"一石激起千层浪"的意味。这种现象在心理学上，被称之为"瀑布心理效应"，即信息发出者的心理比较平静，但传出的信息被接受后却引起了不平静的心理，从而导致态度行为的变化等，这种心理效应现象，正像大自然中的瀑布一样，上面平平静静，下面却溅花腾雾。

年轻人刚步入社会，往往会听到这样的劝诫："出门在外，讲话一定要注意分寸！""多做、多听、多看、但是少说。"为什么在生活中，时刻要记得"少说""分寸"呢？须知，面对各种各样的场合，应付各式各样的人，总免不了言多必失的尴尬。在各种复杂的情境中，往往有很多禁忌，身边的人不会全是你的至亲密友，所以切记说话不要过火，不能伤害到他人。

说话时，宁可犯口误，不可犯口忌。说话无所顾忌，信口开河，很容易带来不必要的麻烦。这样做，会让你在不知情的情况下触及某些人的"禁区"。所以，在说话的时候嘴上一定要有把门的，三思而后行。所谓"言出如箭，不可乱发；一入人耳，有力难拔"。说出去的话，就是泼出去的水，覆水尚且难收，口吐出的侮辱之言岂是轻易就可以抹去的？因此，与人接触，宁愿多说好话，切勿过于冷言冷语。多说别人的好话，对方自然会感受到你的善意，进而也会说你的好话，这就有了双方关系的融洽。

在公司的十多位女性中，钱女士不但长得漂亮，头脑聪明，而且嘴巴还很甜。宁女士作为钱女士的上司，也是个时尚的女性，在穿戴上比较讲究，也爱动脑子，常把衣裤一做搭配，就变成了一套耀眼的外装。

然而，甜言蜜语的钱女士却成了宁女士的苦恼。每天一到办公室，钱女士那种令人不舒服的恭维就涌入宁女士的耳中："啊！宁经理！又买了一套新衣服，颜色好漂亮喔！穿在您身上就是不一样。"

第二天上班，钱女士那种口气又来了："看看！宁经理又买了一套，很贵吗？戴的项链、耳环也是新的吧？我们就缺这个本事，没有您会打扮！"

不仅如此，钱女士还当着客户的面恭维宁女士，用词差不多都是："在宁经理英明的带领下，我们才有今天的业绩……其实，宁经理大人大度，肯向我们赐教，所以才有今天的业绩，对不对？"

宁经理烦透了钱女士的过分行为，她不得不告诉钱女士："不是你没看过的就是什么新衣服，我穿的那些衣服都是好几年前买的……你在这里一嚷，人家以为我多么浪费，怎么天天买新衣，以后就别再说我的衣服啦！"

在与人打交道的过程中，务必要重视说话的艺术，万万不可犯了口忌，惹得麻烦上身。许多人因为踩到红线而躺着中了枪，说起来冤枉，其实是不懂得说话的艺术。在与人说话的时候犯了忌讳，很容易使得双方的友谊破裂。在我们身边，总有这样一些人，别人不爱听什么偏爱说什么，结果让双方的关系逐渐疏远。

大千世界，人也千差万别，有些人可能不知道忌讳在哪里，那么我们总是要给出一些万能灵丹的，只要记住下面一些原则自然就可以避免80%犯忌讳的可能。

（1）培养谈话自信

尽量把自己想象成完美的代言词，这样谈话自信建立了，自然不会乱了阵脚，阵脚不会乱，冷静的头脑与智慧的话语相配，在说话的时候轻缓而有序，谈话会比较轻松愉悦。

（2）放低姿态

不卑不亢地放低姿态，在心理上首先要放低自己的姿态，不可有自傲的心，在放低姿态的情况下，自然脱口而出的话就比较有分寸，不会信口开河而说了不该说的话。

（3）沉默是金，开口是银

在自己无法摸清他人脾气的时候，尽量不要开口，记住沉默是一种策略，沉默恰到好处地运用可以使得他人暂时觉得对方比较内敛成熟。即使需要开口说话但是自身无法判断情况的时候尽量不要开口。

4. 见什么人说什么话，学会投其所好

只要有人的地方就有交谈，只要有交谈的地方就必然会有谈话的主题，也

就是我们通常所说的"话题"。在社交活动中，我们会遇到形形色色的人：有的人喜欢坦率，和这样的人交朋友就要有话直说，如果总是拖泥带水，弯弯绕绕，必定会引起对方的反感；有些人轻松幽默，总爱谈论有趣的事情，要想赢得他们的青睐，就要学会避免谈论那些过于沉重、悲伤的话题……见什么人说什么话，要根据谈话的不同对象找到他们感兴趣的话题，只有这样才能迅速拉近彼此的距离，并建立起牢固的朋友情谊。

那么"话题"究竟是怎样产生的呢？从心理学角度来讲，我们的心理活动与外在说话表现就好比一个"镜像"，简单来说，你对什么感兴趣，讲话时就会情不自禁地谈论这个话题。绝大多数人都认为：见人说人话，见鬼说鬼话，是一种极其谄媚的做法，是阿谀奉承的表现，凡是正直的人都不屑为之。事实上，这种观念大错特错，投其所好不仅是与人交谈，求人办事的一条非常好的捷径，更是一种社交能力。

在日常生活以及各类社交活动中，人们往往会引发各种各样的话题，不过不管话题内容是什么，其背后都有着各式各样的心理动机，透过人们谈论的话题，我们完全可以看穿话题背后隐藏的"人心"与不为人知的隐秘。试想，如果你的话题总是不能打开对方的话匣子，两个人话不投机半句多，自然难以建立合作关系，更遑论私人情谊。

其实，一个口才高手最基本的要求就是"见什么人说什么话"，所以我们首先要清楚"对方"是怎样一个人，只有了解了对方的性格、喜好的说话方式等，才好对症下药，迅速拉近彼此的社交关系。总之，只要你能够把脸皮磨厚，投其所好，见什么人说什么话，便一定能够成为最后的大赢家。

小咪是 XX 财经杂志的记者，出于工作需要经常采访各行各业的财经知名人物、成功企业家、投资大亨等。用小咪自己的话说："每一个采访对象都是衣食父母，邀约采访可不是个简单事，一句话没说对，对方反感了，那采访就很难继续进行下去。"

采访没那么容易，每个被访者都有他的脾气。所以要想做好采访，就必须要了解对方的性格，清楚对方喜好怎样的谈话方式。可是一般情况下，作为记者的小咪根本没有机会提前接触被访者，往往是第一次接触就是采访，在这样的背景下，要快速了解对方性格就必须要依靠心理学。

在谈到自己的识人说话经验时，小咪分享了自己的一次采访经历："我曾采访过一位互联网精英，一见面对方就非常热情直白地打了招呼，人也非常健谈，透过他话多、热情、直白的外在表现，我就意识到这是个性格开朗的人，可以多问一些比较尖锐、私人化的问题。有些人在接受采访时，状态很戒备，话少，且喜怒不形于色，对于这样的采访对象，客套话一定要说到位，最好能给对方戴戴高帽子，提问中规中矩会比较好，因为过于尖锐、私人化的问题往往会触怒他们或被严词拒绝。"

要想在社交活动中把话说到位，就一定要善于"揣摩"对方的心思。面对陌生人，如果不能在最短的时间内找出他所感兴趣的话题，那么也只能永远都是陌生人了。从心理学角度而言，不同的话题有着完全不同的意义，尽管人们引发话题的方式可能是直接询问，也可能是顺着旁人的话语加以引导，但不管开始话题的方式如何，话题的内容是什么，都带有一定的心理动机。

其实，与人交谈不但要看对方的身份、地位，还要看对方的性格特点、针对他的不同特点，采取不同的暗示方式，这样才有利于解决问题。比如，对方性格豪爽，便可以单刀直入；若对方性情迟缓，则要"慢工出细活"；若对方生性多疑，切忌处处表白，应该不动声色，使其疑惑自消等。

对方说话时的动作，说话时的表情，说话方式是直白还是含蓄，说话语气是亲切还是疏离，说话风格是平实还是夸张……这些都能给我们反馈一些信息，要善于收集这些说话信息，并对其进行有效的心理学分析，只有这样我们才能更好地了解对方，从而找到对方最容易接受的说话方式。

面对不同的人，就要说不同的话。意思就是说，说话的人要有广博的知识和准确的识人能力，对于不同的人，就要有不同的说话方式。"见什么人说什么话"，旨在暗示说话者应该"适应"说话对象。当人处于一个环境中时，会无时无刻不被这个环境所"同化"，因为环境给他的心理暗示让他在不知不觉中学习。因此，人无时无刻不在受到心理暗示，它是人的一种本能。只有依据不同的说话对象调整自己的言语，才能妙语生花。说话不看对象，不仅达不到托人办事的目的，往往还会伤害对方。反之，了解了对方的情况，即使发表一些大胆的言论，也不会给对方造成伤害。

5. 拒绝别人时，不妨说个善意的谎言

善意的谎言是美丽的，这种谎言不是欺骗不是居心叵测。当我们为了他人的利益撒一个小谎拒绝他人时，谎言即变为理解、尊重和宽容，甚至是对对方的诚意。它具有一种神奇的力量，没有任何的恶意。善意的谎言也是一种委婉表达拒绝的方式，这不是道德低下，也不是天马行空，而是在拒绝别人之际表达出对对方的尊重。学会巧妙地运用这种善意的谎言，必然会在社会交往中如虎添翼。

在待人处事时，从不说谎的人往往发现自己四处碰壁，经常得罪人，即使委婉一些，在很多情况下也无法摆脱困境。他们中的很多人认为被别人拒绝是一件很丢脸、很没面子的事情，而且还会让自己难堪，下不来台。假如你马上一口拒绝的话，对方极可能就会认为你不肯帮助他，甚至你们的关系因此而僵化，说不定以后你可能有什么事要找到他的话，尽管别人是有能力帮助你的，但对方却可能记起前"仇"以牙还牙。因此，最好是使对方认为你已尽职尽力地为他服务了。

拒绝是一门艺术。面对对方的百般请求，在拒绝之时，说一个善意的谎言，能够做到既不伤对方的自尊，也不让自己为难，这才是一个完美的拒绝之术。巧妙地拒绝各种不合理的要求，才能够在职场和生活之间游刃有余，如鱼得水，让各种烦恼和不愉快从此远离自己。

对于别人的请求，有很多时候，出于各种原因，比如碍于面子，对方来头大等，不能马上拒绝。这时，一个好的方法就是婉转地拒绝，更圆滑的方法则是，不妨先答应下来，然后再用反悔给他一个交代。所以，想拒绝别人前，不妨先答应对方，这样不仅能够避免难堪和尴尬，还能体现出自己的诚意，事后再主动和对方说清事情的缘由，委婉地拒绝对方。

张明是一家大型机械制造厂的生产管理员，别看年纪轻轻，却有着一份不错的收入。这和张明的性格有极大的关系，他平日喜欢四处交朋友，人缘不错，自然而然地也就为公司拉了好几个大单子，深得总经理的青睐。但在前不久，张明接到好朋友的电话，说是几个老朋友准备一块聚聚。张明平日就喜欢这种联络感情的聚会，怎么会错过了，于是他毫不犹豫在电话里就答应了。

约定的时间不知不觉到了，张明早早就到达了聚餐的地点。几个老朋友一阵寒暄过后，开始边吃边聊，聊得热火朝天。一个老同学知道张明是一家机械制造厂的生产管理员，而他正好需要一些小型机械。席间，这位老同学问张明："我现在正需要一批小型机械，你看看如果从你们厂里买，能不能走出厂价，降一些价格。"老同学的直接请求令自己不知所措，自己虽然在机械厂担当生产管理员，但毕竟只是个搞管理生产的。自己平时的工作都顾不过来，怎么还有时间管销售方面的事呢？可老同学一脸期待，任是谁都无法直接拒绝，而且没有任何表示就这样直接拒绝显得自己太不会做人了。短时间的思索后，小张决定先拖住老同学，回答道："你需要什么型号的机械，需要多少，我先记一下，回头我去问问。"

马上，张明很认真地把老同学需要的机械型号和数量记到了笔记本上。老同学一看张明如此竭尽全力，十分高兴，当即承诺，以后不管是在事业上，还是生活上，只要张明开口，自己一定会出手相助。几天过去了，张明并没有接到老同学的电话，怕对方忘了这件事就直接打电话给对方。张明告诉老同学，自己为了这事专门请销售部的领导吃饭，可是上级不发话，自己也没法做主。虽然老同学得知事情没有办成，但却没有怪罪张明，觉得自己给老张添了不少麻烦，还专门登门拜访表达了自己的歉意。

张明是一个精明人，靠着一个善意的谎言的影响力不仅展现了自己甘愿为朋友两肋插刀的勇气，还使得老同学更加信任自己。如果当初想也不想直接拒绝了老同学，对方会怎么想，他会认为张明不愿意帮忙，故意打他的脸，给自己难堪。

也许有人会说，善意的谎言也是谎言，有谁会忍受一个故意欺骗自己的人呢，哪怕是出于好心，撒谎也是绝对不可原谅的。但是需要注意的是，这里所说的"谎言"并非真正意义上的谎言，是拒绝的一种委婉的表达方式。

拒绝他人是一种很不礼貌的行为，但你自己的能力毕竟是有限的，根本不可能什么事情都做到让人满意。既然拒绝是难免的，那么就要把拒绝对方所造成的不良影响想办法降到最低。那么，怎样才能既巧妙地拒绝了对方，又能不伤害彼此的情感呢？这时候，不妨说一个善意的谎言，既给对方留足了面子，又巧妙地表达了自己的拒绝之意，实在是一箭双雕。

第十三章 职场心计学：靠本事吃饭没错，但并非任何时候都行

纵观职场上那些成功者，无论他们曾经经历过什么，但是到最后他们都必须懂得职场潜规则，拥有他人无法取代的能力和智慧，进退自如的分寸，以及为人处世的谋略。这些正是我们不断追求的更高一级的境界。只有掌握了职场生存法则和应变技巧，善用心计，方能笑赢职场。从而在职场中稳操胜券，使自己立于不败之地。

1. 如何处理好与上司的关系

职场也有职场的政治学问，作为员工，至少要对一个人负责，这就是你的上司。其中最忌讳的原则之一就是站在公司的立场评判你的上司。如果矛盾不可避免，你可以适当地装些傻，糊涂一会，但是不可太较真，觉得公司才是最需要考虑的集体利益。作为你的上司肯定有比你考虑更周全的问题或原因，毕竟是公司在聘用你的上司，而不是你。太莽撞只会显得很傻很天真。

其实，每个人都有做下属的经历，但是很多人都能从下属走向成功，究其原因就是他们将这个看似很复杂的问题简单化了，那就是找准自己的立场，指导自己的行动，其他的就都可以解决或是随之解决。

作为公司员工，不管你多么重要，如果想和上司抗衡，无异于火中取栗，其下场必然是可悲的。许多人满腔热情，渴望通过自己的努力实现个人抱负，

却忽略了公司发展目标，以及上司的经营策略，甚至抗衡上司的指示，这并非明智的做法。

王先生是一家科技公司的副总经理，不仅拥有令人羡慕的博士学位和高薪，还凭借超强的工作能力，取得了非凡的业绩。当初，这家公司只有5个人、3万元创业资金，今天它能发展到600名员工、2亿元固定资产的规模，离不开王先生的功劳。

不过，有一件事让王先生很郁闷，比他晚进公司、能力并不出众的李先生成了他的顶头上司——公司总经理。原因只有一个，李先生是老板的弟弟。

对这位新领导，王先生看不惯。有一次，李总陪同某一个外商参观公司的实验室，外商发现门口贴着进实验室必须换鞋的规定，就开始解鞋带。旁边的李总马上说："今天就不用换了，过后让管理员擦一下地就可以了。"身后的王先生马上反驳："不行，这是公司的规定，谁也不能例外。"大家面面相觑，让李总在外商面前十分尴尬。

应该说，李总也有做事不妥的地方，但是他毕竟还是一个通情达理的人，而且在公司事务管理中善于倾听意见，得到了许多人的拥戴。不过，心高气傲的王先生并不买账，多次顶撞上司，成了领导眼中的刺头。

后来，李总向老板反映这件事，开始的时候，老板还一再忍耐，说王先生为公司立下了汗马功劳，后来看到王先生实在不像话了，索性找了个机会，把他派到外地开发新市场了，从此成了不被重视的一员。

在公司里，有才华的人自然得到重视，但是恃才傲物，不给领导面子，甚至凭借自身优势与领导对着干，那就等着被别人取代吧。要知道，我们身边到处都是有才华的人，缺少的是既有才华又明事理的骨干。

所以，和上司融洽相处，让对方认同你、赞赏你、支持你，是你在公司立足，进而发展下去的必然选择。所以，作为下属的我们，在公司中处理好与上司的关系是十分重要的，同时也是十分讲究技巧的。

（1）对上司，服从是第一位的

身在公司，你要明确一点：对上司，服从是第一位的。下属服从上司是上下级之间开展工作的前提，也是上司观察和评价下属的一个尺度。

（2）"拍马屁"也要抓信息

"拍马屁"一个重要前提便是掌握上司的有关信息，一有机会便见缝插针，及时迎合其喜好，满足其欲望，以达到取悦讨好之效果。

（3）不要把问题推给上司

一般地，如果你不将问题推给上司，这不仅对你有好处，而且对他也有好处。有时你这样做也许只是为了给他留下一个你处境困难的印象，即使如此，你也应该尽量抑制这种想法。因为上司认为他们自己的问题已经够多了，所以他们不会像你所希望的那样对你的困难表示同情。另一方面，大多数的上司赏识那种不怕困难的下属。

（4）执行重大任务的时候，争取上司的承诺

在接受重大任务前，当面向上司请求自己应该得的利益，既表明你对完成任务充满信心，也能表明你既然如此坦诚地要求了利益，那么在完成任务的过程中就不可能再玩"猫腻"，至少在上司心目中能形成一种令人放心的印象。

（5）千万不要跟上司对着干

想在一个公司立足，一定要明确这样一点：上司比天大。因此，无论你有多么充足的理由，无论你的本事有多大，还是真理就站在你这一边，你都应该避免和上司对着干。

2. 别让领导身陷尴尬境地

每个人在众人面前的时候都爱面子，尤其是领导。因为领导在下属面前往往要树立自己的形象，维护自己的权威，这样才能更好地驾驭下属，所以领导在很多时候要比一般人更在意自己的面子。

所以当领导犯错的时候，作为下属，我们必须要帮助领导把错误纠正过来，但是在纠正错误的过程中，一定要做到委婉、温和、谦恭，要给领导准备一个台阶下，只有这样，领导才会欣然地接受我们的意见。

晚清年间，有一个叫作李莲英的太监很机灵，善于取悦慈禧太后。经常把慈禧太后和下属从尴尬的境地中解脱出来，因此李莲英可以在宫中坐稳太监总管的位子。

慈禧太后爱看京戏，经常在看完戏之后小恩小惠地赏赐艺人一些东西。有一次，她看完一场京戏之后，把戏子叫到身前，指着满桌子的糕点说："这些赐给你了，带回去吧！"

戏子立刻叩头谢恩，但是他不想要糕点，就壮着胆子说："叩谢老佛爷，这些尊贵之物，奴才不敢领，所以请……另外恩赐点……"

刚看完京戏的慈禧太后心情不错，就问他："想要什么？"

戏子又叩头说："老佛爷洪福齐天，不知可否赐个'福'字给奴才。"

慈禧太后听了，更加高兴，很满意戏子说的话，便让太监捧来笔墨纸砚。慈禧举笔一挥，就写了一个"福"字。

站在一旁的小王爷看了字后，悄悄地对慈禧太后说："福字是'示'字旁，不是'衣'字旁！"

戏子一看，发现福字真的写错了，心想这样拿回去肯定会遭人议论，这岂不是有欺君之罪？不拿回去也不行，否则慈禧太后一怒之下就会要了自己的命。要也不是，不要也不是，他一时急得直冒冷汗。

气氛顿时紧张了起来，慈禧太后也觉得很尴尬，她既不想让戏子拿走错字，也不好直接要回来。这时，李莲英脑子一动，笑呵呵地说："老佛爷之福，比世上任何人都要多出一'点'呀！"

戏子一听，脑筋转过弯来，连忙叩首道："老佛爷福多，这万人之上之福，奴才怎么敢领呢！"慈禧正为下不了台而发愁，听他这么一说，就顺水推舟，笑着说："好吧，隔天再赐你吧。"就这样，李莲英为二人解脱了窘境。

李莲英的机灵和善于察言观色，给慈禧找到了台阶下，让慈禧对他更喜爱有加。

这个故事告诉我们，一个人无论地位多么崇高，能力多强都有犯错的时候。而当领导做错事，如何让犯错却不自知的领导明白自己的错误，这可是门大学问。聪明的下属往往懂得如何找一个梯子，让领导顺利下台，既让领导知道了错误，又不触怒领导。

要给领导找梯子，搭台阶，我们不妨再学学下面这几条经验：

第一，要注意不露声色。最巧妙的"台阶"能使当事者体面地"下台阶"，又不会让在场的其他人察觉。善于交际的人都会在这样的不动声色中帮助他人摆脱困境。

第二，要注意用幽默的语言搭"台阶"。幽默是人际交往中的润滑剂，一两句幽默便能使双方在笑声中相互谅解和愉悦。

第三，要注意尽可能地为对方挽回面子。当领导陷入尴尬境地的时候，当你在给他提供"台阶"的时候，如果可以采取一些妥善的措施，可以及时为其面子再增添一些光彩，那就是最完美的了。这样会让领导在感激你的同时，对你的能力也会有更进一步的认识。

3. 谦逊低调也是一种职场"交心"手段

在现代职场中，你有没有发现，那些谦逊低调的人往往更受大家的欢迎，会拥有不错的人缘。而那些自高自大，行事高调的人往往就不会如此受欢迎，他们身边的朋友也会寥寥无几。

其实，与人打交道，为人表现谦逊低调，也是一种"交心"手段。你的谦逊低调，会给人一种你很亲切的感觉。为人表现谦逊低调，是对他人的一种尊重，相反，懂得谦卑的人，也必定会得到对方的尊重，给对方心中留下一个好印象。

小秦就是凭借自己的主动谦逊和低调赢得了一次升职的机会。小秦所在的公司要进行人事变动，要求每个部门选出一个助理协助部门主管工作。本着公平、公正的原则，小秦工作的部门要求每个人都进行竞聘，通过发言的方式来为自己拉票。

前面几个人竞聘完后，轮到小秦来发言，他先向几个面试主管深深地鞠了一个躬，然后说道："我自己学历不高、经验不足，对于助理这份工作还有很多不是很清楚的地方，如果最终能够当上助理，我一定会好好弥补自己身上的不足，主动向大家请教和学习，争取能够成为主管身边的左膀右臂。"

几位主管对小秦的表现相当满意，他们认为：小秦虽然学历不高，但是不会和那些处处表现强势的人一样给大家一种难以接触的感觉，他能主动展示自己的缺陷，经常向同事请教问题，且做事谦逊有礼，助手正是需要这样的品质。

最终，小秦当上了助理。成为助理后，他仍然会在大家面前坦诚自己的不足，仍然会向大家请教问题，他的谦逊低调赢得了同事和领导的好感。

谦逊低调是一种智慧，是一种以退为进的策略。小秦在公司公开承认自己的不足，主动向他人请教，这种谦逊低调的态度既获得了大家的同情和信赖，显示出他对大家的尊重，又让大家帮助了自己。可以说，正是他的谦逊和低调成就了他自己。

谦逊低调做人无论是在生活还是职场中都是一种"交心"手段，是一项为人处世的黄金法则。关于谦逊和低调，我们要做到以下几点：

（1）语言谦逊低调

为人处世，说话时应该谦逊有礼，说话要有分寸。当你得意时，不要高调宣传，不要处处表现自己，否则会招来对方的妒忌。应该更加谦卑，这样一来，你才会受到他人的尊重，与对方保持人际关系的和谐发展。

（2）态度谦逊低调

低调谦逊是一种智慧，是一种"交心"手段。与人交往，时刻保持谦逊低调的态度，用平和的心态去对待周围的人和事，无疑会得到人们的尊重，受到人们的欢迎。

（3）行动谦逊低调

行为上的谦逊低调，要求我们多倾听，聆听他人的意见和想法，不要自以为是；要求我们多看到自己的缺点，不断改正和完善自己。

谦逊低调也是一种"交心"手段。在交往过程中，如果你保持谦逊低调的处事风格，对方就会对你产生好感，会更加欣赏你、肯定你。保持谦逊低调的态度，是对他人的一种尊重，会给对方以舒适之感。有时，你的谦逊低调，会避免对方对你产生嫉妒心理，会使对方消除对你的不满情绪，从而更加乐意和你交往。

4. 职场人情需要时时储蓄，精心维护

司马迁说："天下熙熙，皆为利来；天下攘攘，皆为利往。"人情的投资就是关系的布局，布局得好，接下来就是收获的季节。俗话说："平时不烧香，临

时抱佛脚。"那样的话菩萨虽灵，也不会帮助你。因为你平常心中就没有佛祖，有事再来恳求，佛祖怎会当你的工具呢？所以我们求神，自应在平时烧香。

如果要烧香，冷庙热庙都得烧香，尤其是那些平常没人去的冷庙，更得经常去，不要只挑香火繁盛的热庙。职场中有的人得势总会伴随着某些人的失势。站在失意之人的角度看，往往更能促使我们心明几净，了然于胸其中的利害关系。职场失意时，有人冷嘲热讽，有人冷眼旁观，尤其是那些踏着他的失意得以高升，还在他面前耀武扬威，得意忘形的人。面对这些，失意之人心中的苦楚很难有人明白，他们眼中早已经把上面这些人看成了敌人。心中也会激发出超常的决心和毅力，东山再起，一雪前耻。

如果有人雪中送炭，不管是曾经的下属所表现出的不忘旧主，还是上司的同情、慨叹抑或鼓励，对他们来说都是冷风中难得的一丝温暖。这样的温暖也容易让他们铭记在心，等到他们借着朋友的鼓励再出成绩的时候，滴水之恩当源泉相报自是人情的回报。

站在失意人相对的角度来看，我们要做什么样的人，自然会有什么样的后果。虽然不一定每个人都需要依靠他人的回报来成就自己，但是不怕一万就怕万一。再说关键时刻有人帮，可以更加方便、快捷地做事，做成更大的事。大凡有理想、有追求的人都不会放过这样的机会。

小张大学毕业后到一家公司工作，因为工作出色，不久后便在公司里担任业务骨干。小张很是努力，他的梦想是成为公司销售部的主管，但是却始终没有晋升。去年，公司调来一位副总，这位副总姓李，因为李副总是小张的直属上司，小张便把自己的前程寄托在了这位李副总身上。

工作上，事无巨细，小张都要向李副总汇报、请示；生活中，每逢过年过节，小张都会带上丰厚的礼品到李副总的家里坐坐。当然，李副总对小张也是照顾有加。眼看自己就要得到晋升了，却发生了一件令人意想不到的事，原来，李副总几年前曾主管过一个项目，当时资金上比较混乱，不知哪位好事者向总公司反映了这一情况，便东窗事发了，李副总被公司调到了人烟稀少的研发部门。明眼人都看得出来，李副总恐怕是再也没有翻身的机会了。

这个突如其来的变动使小张措手不及，看来想在李副总的提拔下升职成为泡影，于是，他不仅追悔莫及，一改往日对李副总的殷勤备至和阿谀奉承，甚至连正眼都不看李副总一眼，小张再不想与这个前任领导扯上任何关系。

研发部是个清水衙门，加上以前的同事现在都对自己冷眼相看，成为主管的李副总不由得慨叹起人心莫测和世态炎凉来。正当李副总的心境低落到了极点的时候，研发部的小马却在节假日来拜访他。这不仅让李副总深感意外："虽然我名义上是个研发部的主管，但是，你也知道我已经没有任何实权了……"

听着李副总伤感的话语，小马毫不介意地说："我并不是来求您办事的，只是我认为福祸相依，眼下您认为的坏事也有可能变成好事啊。既然公司已经把您调到了研发部，您完全可以借着这个机会大搞研发，听说您以前可是咱们公司的顶尖专家啊！"

李副总被小马的话感动了，自从没有实权之后，根本没有人这样安慰过他。然而，这个看上去还有几分书生气的小伙子却没有像其他人那样疏远他，而且他说的话很有道理："现实中，有些时候，环境是无法改变的，既然我们不能改变环境，不如改变一下面对逆境时的态度。无论面对怎样的环境条件，都应该尽自己最大的努力，这样做了，在今后的人生道路中才不会后悔。"

李副总很受鼓舞，他决定要在研发部门闯出一番天地来。半年后，由李副总带头的一个科研项目取得了重大突破，并获得省级科学技术进步奖，为此，李副总被公司评为科技进步带头标兵。不久后，从公司的监察部门传来消息，当年李副总负责的工程账目已经理清，李副总并没有任何经济上的问题，这也证明了，李副总是清廉的。最后，经公司董事会决定，李副总官复原职，又回到了原来的工作岗位上。李副总晋升后，进行了一番重大的人事调整，小马被任命为研发部主管，小张则被调到了后勤部门做协助工作。

上述案例中，小张与人交往时功利性太强，而小马则在别人苦难的时候主动结识，最后，两人的结果截然不同。不过，小张和小马却有一个共同点，那就是他们都结识了对自己有所帮助的人。对于李副总来说，他结识了不同的人：小马值得结交，而小张并不值得结交。小张和小马与人交往的心态不同，小张见风使舵，小马则真诚与人交往。

种瓜得瓜，种豆得豆。自然界的生命规律同样适用于属于万物之灵的人类。

当有条件种下人情种子，那么相应的也能够收获一份人情。用这份人情可做大事小事，可救命可解难。所以，进行人情投资是必要的，等于是为自己上了一份意外的保险。所以，我们应做好以下几点：

（1）世事变化无常，是庙都要烧香

一般人烧香都要到最为鼎盛的庙宇去，冷庙往往无人问津。然而，世事变化无常，今天的红人有可能在明天失势，今天的凡夫俗子也可能在明天发达。所以，只要对方是一尊庙神，就应该去拜拜，才能让你的福荫变得更大。

（2）给冷庙烧香事半功倍

冷庙的神灵平时受冷落，你的一炷香就会让他们心存感激，把难得一用的神通变幻出来保佑你，特别是当冷庙变成热庙的时候，他还会想起曾经的你，纵是再忙再紧张，他也不会忘了你。这种低投资高回报的事情，为什么不做呢？

（3）太势利的人没有好人缘

一个人发达的时候，大家都去跪拜，并不稀奇。可贵的是，昔日的红人落难了，你还惦记着他，帮助他。这种仗义的举动不但让当事人感动，也会让大家知道你不是一个势利的人。这样一来，不但冷庙的那尊神感激你，身边的人也会认同你，你的人缘就来了。

5. 升迁不是公平竞争，是权衡的结果

在职场中常常会出现这样的奇怪现象：有的人埋头苦干工作，但自己的业绩却无法得到领导的赏识，总是被莫名其妙地降了职；有的人工作能力很强，但领导从来不重用他们；有的人工作能力平平，却善于交谈，往往能赢得领导的欢心，从而平步青云，一路直上。不善于交谈，经常说了不该说的话，是某些职场人的软肋。特别是在一些重要场合中，一些职员不注意身份，说一些让领导误解、忌讳的话，因而失去了领导的信任，也就失去了晋升的机会。

想要升迁，想要公司和老板重用你，就如同想要得到更多的薪水一样，只有有资格、有能力的人才能够获得这样的权利。即使在公平竞争的情况下，人与人之间还是有着一些不可磨灭的差距。如果你想要得到升迁，或是觉得自己应该升职而没有实现，此时，首先对自己进行清醒的认识和衡量是明智的首选。

因为只有综合素质过硬的人才有更大的机会。

有一个公司新招了一批员工，经理给每一个人发了一个笔记本。按照公司规定，新员工每周都要汇报一次工作，每周五要写工作总结，上交给主管。几乎所有的新员工都对此表示不屑，唯有小张欣然以对。

她每天下班之前都会把一天的工作总结一下，像小学生写日记一样认真地把每件事情记录下来，每周五下午还会写周总结，及时汇报自己的工作进度和心得，以及在工作中发现的新问题并且提出自己的建议。

其他同事都在笑话她，认为她在做无用功。小张一开始的时候是出于规章制度才写总结，但是时间久了，她从中获得了很多的好处，她的工作变得很有计划性，每天的工作都可以当日完成，而且经理也会经常找她谈话，对她工作汇报中的一些建议很是赞同。

虽然其他同事嫉妒的眼光让她有些担心，但是更多的是领导认同自己工作的欣喜。仅仅半年之后，小张就升职为部门经理。而和她同一批进入公司的人，除了一小部分原地踏步成了她下属的人之外，其他人都被淘汰了。

其实，老板肯定会从大局出发，衡量下属能否胜任更高的领导职位。那么，老板选择的下属肯定也要会顾全大局，各个方面都能够出色地发挥。试想，老板提升下属，其实就是为了让他们帮助自己管理公司，创造更高的效益。如果下属不能够站在老板的立场上想事情，那么，老板是绝对不放心把自己的团队交给他的，他也就不会有升职的机会。

另外，晋升是管理层对自己下属的工作价值的正式肯定，而升职的决定不仅来自你的顶头上司，还可能来自同事、下级、甚至你的客户的意见的影响。老板除了自己的观察，还会从他们身上收集相关的信息，从而对你进行综合、全面的评价。即使有时候看起来都很出色的下属，但是在选择升迁的对象时，老板一定会拿出他们的睿智，对下属进行一番整体的权衡，然后才最终决定升迁的人选。

所以，想让领导欣赏你，喜欢你，那么首先要让领导看到你，聪明的下属就必须抓住老板在权衡下属时所依据的标准，并使自己朝这个方向越来越靠近。只有最合适的人才能经得住权衡得到升迁。

（1）想要晋升，必须保持持续的激情

对待工作，不同的人会有不同的心境和态度。对于具有持续工作热情的人来说，工作不仅仅是一种义务，更是生活的一部分，甚至是不可或缺的重要部分。好的工作态度绝不是义务，认真和激情带来的不仅是成就感和满足感，还能使通向晋升的道路变得平坦。现实中，有些人容易得到提升，而对于另一些人来说，提升却可望而不可即。其中至关重要的一点就是前者在工作中保持了持续的激情。

（2）多请教领导，容易被器重

在职场中，你要把工作进展和状况及时反馈给你的上司，让他对你的工作有一定的了解。这样不仅可以促进你的工作，还能赢得上司的好感。因为任何一个领导最希望听到的就是下属的及时汇报和反馈。

（3）"做得多"不如"说得多"

办公室中讲究少说话，但是与自己的工作有关的却可以适当地多说，而且要把握住机会尽量多说一些对自己有利的。很多时候，适当的、不着痕迹的用嘴巴为自己小小地做一下秀，不仅能够和大家和谐和睦地相处，而且还能在惬意的环境中不断地为自己带来和争取到更多的机会。多说一点，就能够一帆风顺地前进，何乐而不为呢？

第十四章　谈判心计学：沉住气，
不给对方可乘之机

　　谈判实际上就是一场博弈，它不只是嘴皮子上的争论，更多的是心理上的较量。一个社交达人往往也是谈判高手，坐在谈判桌前，如何才能彻底搞定对手？所谓知己知彼方能百战不殆，只要我们能摸透对方的心理底牌，胜利还会远吗？

1. 不要急着亮出自己的底牌

　　常言道，"知己知彼，百战不殆"。在完全被对方看透的情况下，就没有了任何悬念，完全处于被动的地位，输赢就完全在对方的掌控之中。只有不过早地亮出自己的底牌，保有一定的神秘性，才能掌握主动权，赢得敬重，握有转机。

　　出人意料的成功往往最能使人们心悦诚服。在谈判中，谈判人员不要急着亮出自己的底牌，对对方的问题回答越明确、全面、真实，就越是愚笨，如果你老老实实地"全盘托出"，就难免暴露出自己的底线，造成己方被动。同时，当你"全盘托出"之后，对方不需继续提问就获得了对他们有用的信息，这样就堵塞了对方对你继续反馈交流的通道。

　　常识告诉我们：对方对我们知道得愈少，情势对我们就愈有利。因此，在了解对手的同时，我们还有一件很重要的工作要做，那就是保守自己的某些秘密，不要让它泄露或过早地泄露，以免让对方知道自己的全部实力。

霍伟在老家建了一家汽车零部件生产公司。在第一次推销产品的时候，因为太过大意，被对手探知了自己的底细，在随后的业务谈判过程中吃尽了苦头。

霍伟在向广州一家汽车生产公司推销产品的时候，对方先是"友好"地向他表示欢迎："欢迎霍先生来广州，以前并未见过霍先生，是第一次来广州吗？"对手这么问，只是想断定霍伟是否是一名新手。霍伟由于刚刚出道，缺乏经验，恭敬地回答道："是第一次来广州，我的厂子也是刚刚起步，什么都不懂，还请您多多关照。"原本客套的寒暄，让对方得知了重要信息——霍伟是一名新手。

对方接着问道："霍先生的产品打算以什么样的价格卖出呢？"由于急于打开销路，霍伟如实相告："我们的产品成本价是45元，我打算以50元的价格出售。"了解到霍伟想要尽快出售产品，对方趁机说道："我觉得霍先生现在应该优先考虑将自己的产品推向市场，而不是谋求利益。而且我们是第一次合作，如果合作得好，我们可以成为长期的合作伙伴。以45元的价格成交如何？当然，运费由我们承担。我们也算是帮贵厂做一次广告。"由于事先被对方探知了底细，对于对方的要求，霍伟只能无可奈何地接受。

其实，在谈判开始的时候，霍伟要是有所警惕，没有轻易地把"底牌"透露出去，在谈判的过程中也不会如此吃力。所以，在谈判的过程中，一定要谨慎回答对方的问题，以免把自己的"底"漏给对方。

谈判过程中，那些谈判高手总能准确地抓住对方话语中的"漏洞"，然后针对对方的"漏洞"进行攻击，从而占据上风，达到自己想要的结果。在谈判当中，被对方抓住说话的"漏洞"就等于被对方扼住了喉咙，谈判的主动权也会被对方掌控，自己将会完全处于被动的地位。所以，在谈判的时候，说话一定要小心谨慎，切勿漏出破绽。

与人打交道，在尽可能充分地了解对方的情况下，最主要的是不急着亮出自己的"底牌"，以此增加对方决策的难度，最大可能地手握主动权，还可以使自己在将来的行动中有更大的选择余地。

其实，即使我们有时必须道出真相，也最好避免什么都和盘托出。充满竞争的现实，使我们不能将自己的某些真正秘密轻易透露。慢慢地展现自己的力量，比马上暴露出全部力量更有效。慢慢展现会增强对方对我们的了解和接受程度，被人们里里外外都一览无余，将会使我们丧失主动权，甚至选择和回旋的余地。

（1）知己知彼，百战不殆

做生意谈业务时，双方都希望摸到对方谈判中的"底线"，以争取主动，而对自己的"底线"却要严格保密。这就要求我们要将对方的一切情况了解透，知己知彼，百战不殆，方能取胜。认真地分析对方的立场，掌握对自己有利的情况。不要轻易暴露自己，特别是对方主动找你谈买卖，更要先稳住。事实证明：不急于在谈判中先表态的人往往是业务成交的胜利者。

（2）时刻守住自己的底线

比如，在洽谈业务中，首先要避免过早地同对方讨论价格问题。要把他们的注意力引到产品的价值上来。要收敛锋芒，不外露，冷静沉着与对方谈判。谈判时应让对方看到他们将要得到的好处，而不是他们所付出的代价。此外，真的到了要价的时机，也要提得比预期达成的目标稍高一点，给自己留下进退的余地。

（3）抓住机会提问

面对趾高气扬、盛气凌人的谈判对手，不必和他正面交锋，而是要在他目空一切、自以为是的高谈阔论中，选准机会适时提问，请其回答。这里的提问，可以是针对其发言中的自相矛盾之处，还可以是针对其发言中的违背常理之处等。每次提问实际都能使对方的气势下降，只有当对方的气势降到一定程度时，与对手的交往才能正常地进行。

（4）沉默冷静地观察对手

需要注意的是，这里的"沉默"不是绝对不说话，一定要把"沉默"控制在一个适当的"度"之内。比如，在与对手谈判中，这个度就是要使谈判能继续进行下去。因为人们之所以要采用策略，是为了使谈判能获得一定成果，而不是使谈判宣告破裂。

2. 如何才能探出对手的谈判底线

谈判是一个博弈的过程，双方都希望能够了解对方的底线，谁先亮出底牌谁就失去了上风。探出对手的谈判底线，最好也是最直接的方法便是把对方变成自己的"朋友"，这里所说的朋友，并非是让你安插卧底，而是通过一些办法来揣摩对方的底线。

探索对手心理底线，在商业谈判上非常常用也最重要。为了探出对手的底线，可以尝试让对手先出牌。就如同两位武林高手过招，双方都不动，一旦谁先出招，谁就处于被动地位。

底线是一个人能够承受的最大程度，无论是在商业谈判中，还是在人际交往中，底线都是一个人质变的临界点。在客户的心理底线范围之内，对方会获利更多，而超过这条线，谈判就会崩溃。

如果是单从个人关系层面上来讲，我们探知对方心理底线的目的是尽量不要触及那条线，比如恋人和朋友之间，随便打破一个人的心理防线，容易造成他人情感的崩溃，并且给自己带来伤害。

打破心理防线这种做法一般情况下多发生在商业谈判中，此时大家的根本目的都是维护自家企业的根本利益，如果能够打破对手的心理防线，自然会带来更大的好处。那么如何打破？就要做到稳准狠。

回想一下我们看过的爱情电视剧，当男主角用手撩动自己的头发，女主角也拨弄起发梢，一个人笑了，另一个人也不自觉地抿嘴笑了。这样的场面是不是会让你感到很温馨？协调一致的动作给人一种和谐美。这种现象可以通过行为科学来解释，人与人之间在动作和表情上的一致被称为"同步行为"。同步行为不仅出现在情侣之间，它存在于所有的人际关系之中。我们可以利用人的这种心理，来打破对方的心理防线。

从心理学角度来说，肢体动作是内心交流的一种方式。两个人会把彼此当作自己效仿的对象，相互欣赏的心理状态会诱发同样的行为。英雄所见略同，正是同步行为的最佳阐释。在谈判中，若是能够主动利用这种行为，就能给对方好感，让对方放下心理防线。

突破一个人的心理底线，可以通过强硬的手段，比如先发制人，掌握主动权，让对方陷入僵局，动摇他们的信心，心理学研究表明，人在受挫的情况下会产生心理压力，思维紊乱，怀疑自己的能力，为了不使自己陷入孤立，往往就会委曲求全，放弃原本的底线和原则。但这种方法不是万不得已最好别用。

李某想要在市内某家大型商场租赁一个店铺，来到该商场的招商处，接待他的是负责人王经理。李某一见面，就告诉了对方自己的来意："你好，我想要承租你们商场门口的铺位，每平方米多少钱？"

王经理不紧不慢地说："您真有眼光，这是黄金地段，价格比较贵一些。靠门的位置每平方米 400 元，靠里面的铺位 300 元。"400 块是商场提出的条件，那么他的底线肯定是在这个价格之下。这对于心中没有标准的人比较奏效，直截了当地询问，然后根据自己实际情况下决定。

此外，李某还通过对已入住商户、行业朋友、临近铺面承租人、房产中介等多方面的了解，大致明白了对方提的价格是否合理，有多大的让步空间。基本上，李某在这次谈判中是处于暗处，对方在明处，主动权掌握在李某手中。

第二种方法，推一推。谈判本来就是你来我往、讨价还价的过程，不管谁先出牌，大家做的都不是一锤子买卖，肯定会讲价。这时候就是考验谁更会踢皮球了。还是上面那个例子，王经理提出 400 一平方米的价格，李某就可以说，价格太高了，我看 300 正合适。这时对方肯定会说不行，这是上面规定的价格。

实际上，这时候提到的规章制度无非就是一种托词，而你要做的就是示弱，说自己做生意多么不容易，现在经济多么不景气，别家商场也都在搞降价促销，价格都是 350 了。这时对方可能就会有所犹豫了，你就能够大致判断出对方的心理底线了。

中国人说话比较含蓄，文言文中有一语双关一说，一个人的话中常常套着另外一层意思。有时候，读懂表面的意思还不够，甚至表面意思和本质想法是完全两个方向。因此，听懂话中话，往往能够抓住对方的核心思想。

多了解对方，少让对方吃透自己。当遇到不想回答的话题时，可以运用幽默的方式岔开，并且幽默还能彰显一个人的魅力，提高他人对你的好感。对于不必要的问题，你也大可不必回答，有时候沉默就是最大的武器。

当然，真实谈判中情况可能是复杂的，并非上述的三个方法可以完全解决，在掌握技巧的同时，做好准备工作，收集各方资料，多经实战演练，才能够在谈判中理清来龙去脉，逐步摸清对方的底线。

探索对方的谈判底线，需要推己及人，换位思考，站在对方的立场上考虑问题，不能只强调自己的利益，而忽视对方的权益。找到双方利益的重合点，谈判才能继续下去。谈判中少说话，尽量让对方陈述。对方说的越多，你了解的信息也就越多，策略也就越加合适。

一个人的心理底线很难被打破，通常也不建议去触碰个人的心理底线。在商业谈判中，由于底线是双方基于各自的某种目的而建立的，有一定的弹性，并非坚不可摧，因此，可以在谈判过程中不断试探对方的底线，找到突破口，为自己争取最大的利益。

3. 借助幽默在你的地盘里操控他人

谈判是一种语言上的交流和沟通，现场气氛直接影响到双方的心情，并左右着谈判的进程。如果双方陷入严肃、紧张的气氛，那么就很难取得进展及实质性结果。如何在你来我往的谈判桌上增进理解和信任呢？幽默，无疑是一剂良药。借助它，你可以消解不必要的误会和麻烦，缓和剑拔弩张的利益之争，在春风化雨之间操控局面，俘获人心。

想到谈判的场景，许多人头脑中会出现这样的画面——吹胡子、瞪眼睛、拍桌子、踹椅子。这种粗暴场面在现实生活中确实存在，也难以避免。但是，吵闹之后该怎么做呢？真正的谈判高手会化干戈为玉帛，在谈判中能妥善处理各种矛盾，既达成了目标，又让对方满意地签字。在这种人身上有一个共同的特质，那就是幽默。太较真儿的人无法做到各方满意，嘻嘻哈哈的人无法赢得外界信任，只有善用幽默的人能把握好场合、火候，并成为大家眼中最受欢迎的人。

但是，现实中有许多谈判不欢而散。究其原因，主要是谈判的气氛不对，彼此都带着情绪交涉，缺乏积极友好的态度，谈判桌自然会成为没有硝烟的战场。为了营造友好的会谈气氛，不妨转换思维，用幽默展示你的善意与真诚，在哈哈大笑之中找到解决问题的良策。毕竟，没有人喜欢对抗下去，只要你让对方看到希望，自然容易弥合分歧，握手言欢。

在谈判中，幽默的语言是沟通的利器，有助于双方建立好感和互信。尤其是遭遇尴尬的时候，幽默语言能迅速消除难堪的局面，让双方脸上重新绽放微笑。同时，陷入谈判僵局会让双方纠结，也不利于快速解决问题。为了打破僵局，最好的办法就是进行幽默沟通。在开怀一笑中缓解紧张与谈判压力，任何难以搞定的议题都可以轻松解决。

1988 年，已经卸任的日本前首相中曾根康弘与戈尔巴乔夫举行会谈。当时，两国矛盾重重，美苏争霸还在进行，日本作为美国的忠实跟随者，自然无法赢得戈尔巴乔夫的好感。

谈判气氛一度紧张，戈尔巴乔夫甚至用拳头将桌子砸得砰砰响。他愤怒地说："在日本，居然有人说'今后只要日本持续不断地增强经济力量，苏联便会乖乖地屈服于日本的经济合作'。殊不知，这是痴人说梦，苏联绝不屈服。"

中曾根康弘也不甘示弱，以强硬的口吻回击："尽管如此，两国加深交往也是重要的。阻挠两国关系发展的，正是北方领土问题，而造成这个局面的原因是斯大林错误地向属于北海道的岛屿派遣了军队。"

双方剑拔弩张，戈尔巴乔夫气得胡子都竖起来了。随后，中曾根康弘缓和下来，平静地说："我毕业于东京帝国大学法律系，你当年就读于莫斯科大学法律系。我们俩同属法律系毕业生，理应了解国际法、条约和联合声明为何物。国际上都承认日本的主张是正确的。"

戈尔巴乔夫见中曾根康弘转换了语气，开始从法律角度谈判，于是微笑着回答："我当法律家不成功，所以才做了政治家。"戈尔巴乔夫幽默地避开了中曾根康弘设置的陷阱，也让紧张的氛围得到缓解。

在谈判桌上使用幽默沟通技巧，既是一种交涉艺术，也是一种社交礼仪。既然坐下来谈判，就是希望和平解决所有问题，而不想与任何一方产生矛盾。借助幽默打破谈判僵局，主要是用风趣诙谐的语言转换话题，不再把注意力放在矛盾的焦点上。当然，转移话题需要技巧，也存在一定难度。幽默地转换话题需要具体问题具体分析，根据当时的环境和交谈对象灵活变通。

借用幽默的表达方式，可以营造轻松活泼的谈判氛围，促使双方互相妥协，最终达成一致意见。但需要注意的是，转换的新话题最好不要离前面的主题太远，避免给人突兀之感。当然，万变不离其宗，话题转换要始终围绕着主旨进行。否则，偏离主题太远，实质性问题无法得到解决，这次谈判就会以失败告终。

同时，当谈判陷入针锋相对的状态时，一句幽默的话可以将锐利的棱角瞬间磨得柔和许多。而如何在谈判中适时抛出幽默，需要在谈判前做足功课。通常，对方的年龄、住址、性格、喜好等都可以成为你的幽默素材。适时借用这些信息完成幽默表达，会拉近双方的距离，并在心理上赢得对方的好感。双方重建信任和理解之后，谈判自然会顺利进行下去。

总之，谈判是一场马拉松式的战斗，不可能一蹴而就。期间，各种难以预料的突发状况不可避免，很容易让谈判陷入僵局。为了避免采用极端的方式解决问题，人们坐到谈判桌前，商讨各方都能接受的条件，寻求合作机会。说到底，谈判是互相妥协的过程。作为谈判代表，你既要维护好己方的利益，同时也要照顾对方的情绪。为了博取对方的好感，不妨借助幽默沟通进行协商，寻求利益平衡点。借助幽默沟通调节气氛，充分展示我方的诚意，有助于弥合分歧，让谈判继续下去，直到达成合作意向。

4. 用柔性手段去"化解"谈判僵局

遇事不可急脾气，尤其是在商业谈判中，如果为了利益你争我夺，失去了基本的礼仪，只会把关系搞砸，到头来两败俱伤。谈判是智慧的较量，学会用柔性手段去化解，会达到以柔克刚的效果。

把人和事结合起来，并且注重他人的心理感受，就是"化解"。从这个角度来看，谈判人员出众的魅力，把常人看来棘手的问题轻松解决掉，在很大程度上得益于个人懂得"柔性化解"的方法。

一般在谈判中遇到的问题大致包含两种情况；一种是对所谈及的问题有疑问或不同意见，这时提出的问题和反对意见大多是善意的；另一种也有故意刁难的状况，甚至是故意找茬，让人难堪。如果对方的责难是善意的，就应该尽己所知，认真、负责地阐述自己的观点或者解答对方的问题，尽量寻找双方的共同利益所在，达成共识。

如果对方提出的问题太过牵强、不近人情，也不要发作，这时候就该巧用语言，化敌为友。要摸透对方的心理，一言击准对方的要害和敏感位置，使对方迅速做出有利于你的反应。对威胁性的问题不必理会，始终保持着面部的微笑，保持目光的接触，表情也随着对方的谈话内容等等做出相应的变化，并频频点头。

这些表现可以让对方感受到你对其问题的理解和尊重，如果你能配合他的想法和语气适时地做出一些反应，耐心听他们说完，就会逐渐消磨掉他们的锐气，让气氛趋于缓和，最终回到寻找切实可行的解决方案上来。

郭峰是一家公司的业务经理。有一次，公司委派他找一家企业生产一批零部件。经过多方联络和接洽后，他与一家生产企业达成了口头合作协议。就在这时，市场发生了微妙变化，原材料价格上扬了三成，对方提出零部件加工价格也要上涨，这让郭峰进退两难。接下来，他与这家企业的负责人进行了几轮谈判，但对方立场坚定，态度强硬，任凭郭峰磨破嘴皮，丝毫不退让。

面对眼前的僵局，郭峰改变了行动策略。他暂时停止了谈判，邀请那位负责人吃饭、旅游。在旅途中，郭峰也没和对方谈起任何有关谈判的事情，而是与之进行感情交流，完全把对方当作至交。几天下来，双方成了无话不谈的好朋友。

结果，等双方再次坐到谈判桌上的时候，这家生产企业的负责人做出了让步，他对郭峰说："咱们已经是好朋友了，我是不会让朋友吃亏的，你定个价格，我马上签字。"郭峰把价格在原来的基础上稍微提高了一点，结果既交了差，又实现了合作。就这样，一场棘手的谈判圆满解决了。

柔性手段运行的有效办法就是沟通，但是要注意沟通的方式方法，时间、地点和场合。在对方情绪还比较激动的时候，肯定不是沟通的好时候，换个时间或地点、环境，再做适当的沟通和解释甚至是请教，这样的效果会比较好。郭峰与对方分别代表着两家企业的利益，虽然双方的目的是合作，然而在谈判场上是针锋相对的，乃至双方一度陷入了僵局。令人称道的是，郭峰不仅办事能力出色，还懂得如何做人。他请谈判代表吃饭、游玩，做起了朋友，而当双方有了交情后，接下来的谈判自然而然妥善解决了。这就是"先谈交情、后谈交易"的做人做事学问。

其实，做人做事都离不开与他人的接洽、沟通，这是一个"谈判"的过程。当大家达成一个共同目标的时候，就有了合作机会，实现了某种"交易"。人始终是"谈判"和"交易"的主体，必然受到情绪、心理、价值认同等因素的影响。所以，在沟通、交流、谈判的过程中，取得对方信任、拉近彼此的心理距离是很重要的。为此，我们要学会和对方建立交情、发展友谊，这样才能赢得对方的好感，与对方交上朋友，完成一次圆满的交易。

俗话说："良好的开端就是成功的一半。"用适当的柔性手段可以打破沉默、紧张的对峙局面，带来良好的谈判氛围，也直接提高了谈判双方的情绪和精神状态，使对方在心里对你产生一定的好感，这无疑有利于谈判的进行。谈判虽然有利益的限制，但终究是以合作为目的，所以柔性手段反而是你彰显气度的好办法。

5. 别让对方抓住你的说话"漏洞"

有一则很有意思的谈判故事：

日本商人的谈判智慧历来被人所称道。曾经有一位美国工作人员到日本进行新产品谈判。他们准备了一大堆的电子文件，并详细地作了讲解，情绪高涨，语言高调，然而在座的几位日本谈判员却总是一脸迷惑，表情僵硬，一言不发。

这让做事急躁的美国人大惑不解，摸不到头脑。反复地做了几次解释之后，日本人仍是没有发表一点意见，让这位美国谈判员顿时大感受挫，丧失了斗志。在接下来的几番谈判中，精神涣散，草草地结束了谈判。

难道日方的谈判员真的听不懂的美方的介绍？绝不是。日方就是通过这样的默不作声和故布迷阵来打击美方的嚣张气焰，从而取得谈判的心理优势，接下来就可以随机应变，自己掌控局势。这也是学会"闭嘴"的智慧。有时耳朵比嘴巴重要。"会说"并不代表你更有优势，懂得适时用耳朵去倾听、去沉默，也是智慧的表现，从而避免对方抓住你的说话"漏洞"。

　　谈判桌上的交流历来是一场言语的较量，谈判双方为了维护自己的利益，往往是唇枪舌剑，你来我往。在谈判的过程中，既要说服对方同意己方的观点，又要防备被对方说服。所以，在谈判的过程中，一定要谨言、慎言，切勿被对方抓住自己话语中的"漏洞"，从而借题发挥，置自己于不利的地位。

　　有的时候，谈判人员会遇到性格古怪、似乎刻意刁难的客户，这是很常见的现象。应对不同的客户这是谈判人员的工作。即使对方的意见和抱怨是很偏激甚至荒唐的，也绝不可以流露出任何不满情绪，其实很简单的一种解决办法就是"少解释，多倾听"。

　　谈判中说话是一门艺术，但用耳朵听、沉默，也更是一种哲学。谈判过程中，那些谈判高手总能准确地抓住对方话语中的"漏洞"，然后针对对方的"漏洞"进行攻击，从而占据上风，达到自己想要的结果。

　　在谈判的过程，出现言语"漏洞"的情况非常多。情绪激动，说话过于绝对，往往会暴露自己的破绽。其实，与对手不停地周旋只会浪费时间和精力，即便赢得谈判也会得不偿失。对于谈判高手而言，他们不会与对手有过多的纠缠，他们注重把控对手的心理活动，了解对手的思维动态，进而抓住问题的关键所在，然后一击毙敌。这种抓住主要矛盾，一语中的的说话技巧，在谈判过程中往往能够收到奇效。因此，在谈判的时候，一定要全身心地投入，说话的时候要反复思量，避免把自己的破绽暴露在对方面前。同时还要仔细聆听对方的话，抓住对方话语中的"漏洞"，掌握谈判的主动权。

第十五章　经商心计学：做世界上
最会算计的生意人

心计运用得当不仅是经商的第一要义，也是经商成功的最重要原因。做生意要精明，但它不是狡诈的竞争，而是智慧的较量。在谋略的运用中，除了掌握谋略的实施技巧之外，还要懂得如何为技巧的实施创造有利条件，以及什么时候实施自己的计谋才能保证更高的成功率。

1. 面厚法则：死要面子活受罪是经商大忌

林语堂先生曾说过，中国人的脸，不但可以洗，可以刮，还可以争，可以留，有时好像争面子是人生的第一要义，甚至可以倾家荡产而为之。尽管林先生的论断难免有些夸张的成分，但在现实生活中这种死要面子活受罪的真实情景却在不同人的身上一遍又一遍地重复上演。其实，只要抛开人情的包袱，没有什么不好意思的。

很多商人在经商时注重面子，在创业之初首先考虑自己做的生意是不是够光荣，让人刮目相看。其实，真正的商人不该这样，只有突破了面子观念，练就一张"厚"脸皮，不惜从又脏又累的小生意做起，假以时日，才能赚到大钱。

其实，出色的商人都是"厚"着脸皮赚钱，面子对他们来说是虚无的东西，只是会困住自己去奋斗的枷锁。对于一个商人来说，创办一个公司容易，但要让公司活下来却很难。企业生存永远是第一位的，至少在公司起步阶段，

159

商人应该首先考虑如何让公司活下来，挣到钱。等把这个棘手的问题解决后，再进一步探讨公司发展扩大的问题。否则，一切都白搭。

可是多数人认为，像补锅、修鞋、弹棉花这种又累又苦的小生意是很让人抬不起头的生意。他不能够让你一下子坐上大老板的宝座，也不能让他人对你另眼相看，但是，只有从一点一滴积累起，你才能够有做大生意的资本。只要能赚到钱，就不要顾忌脸面，不要在乎世人的偏见，大胆去经营自己的生意，脸皮"厚"一点儿。等到讥笑你的人醒悟过来时，你已经完成了原始的资本积累。

一包榨菜的售价是八毛至一元钱，一元一包的榨菜，能够获取的利润是四分钱左右。只有四分钱的利润，这很难为企业积累财富。但是，涪陵榨菜集团的成功就是得益于其董事长周斌全的脸皮"厚"。

20世纪90年代，电子信息业开始红火，集团内部领导建议把资金投资到做手机、做网络。周斌全连续向他们提出了三个问题：做手机、做网络，你们有谁懂？会搞手机技术的有没有？懂手机销售的有没有？没有一个人回答。周斌全立即敲定："只懂榨菜，就只做榨菜。"可是，在很多人看来，榨菜生意不仅丢面子而且很难挣钱。周斌全却不这样认为，他提出要把榨菜生产全自动化、工业化、现代化，要按照日本食品加工的精要求来打造未来的涪陵榨菜。

为此，集团进行了国际招标，在一系列建新厂房、启用新设备、技术革新活动后，整个榨菜生产线改造成现代化的流水线。面对反对的声音，周斌全"独断"了一回。他的坚持换来的成效是：榨菜产量从2000年的2.43吨上升为6.13吨，2001年销售额1.5亿元，2002年销售额2.2亿元。榨菜的生产线全部实现了工业化和自动化。

让很多人没想到的是，为了让13亿中国人都知道涪陵榨菜这个品牌，周斌全选择去央视打广告。当时，对涪陵千千万万的老百姓来说，自己每餐下饭的一包小小的榨菜，会在新闻联播结束后的黄金时段看到它的广告，真是不可思议。涪陵榨菜也因此走向了全国，在同行业中的龙头地位也更巩固了。集团一上市，周斌全的资产超过了亿元，同时公司的8位高管也都成为亿万富翁。

挣得再多的面子都不能与金钱做交换。生意不分大小，关键是看做生意的人。脸皮"厚"的人哪怕是榨菜生意，他也能做向全国。怕脏怕累、盲目攀比、清高自负、好高骛远等是目前一些商人容易走向的误区。作为商人，要坚持一个理念：不管你怎么看待我，我就是要赚你的钱，用笑脸、用磨破的嘴皮、用磨破的鞋跟把自己的产品推向全国乃至全世界。这才是一个真正的商人要坚持的。

经营战略有很多种，但对于中小企业的经营者来说，战略简单一些，就是活着，活着最重要。只有活了下来，中小企业才有可能迈向跨国大公司，经营者才能积累更多的财富。

近年来，中国的中小企业像雨后春笋般冒了出来。但很快昙花一现，又倒了下去。因此，经营者应该首先想着如何让公司活下去，不要直接跳到如何将企业发展和壮大。企业只有生存下去，才有可能为经营者获取丰厚的利润。所以说，好生意不只是那些人们传统观念中认为有出息的生意。相反，没准那些又脏又累的生意反而是你积累财富的资本。不要怕丢面子，丢面子是小事，赚到钱才是王道。等到你成为亿万富翁的那一天，有谁还会嘲笑你发家致富的第一桶金是从微不足道的小生意开始的呢？那些嘲笑你的人肯定会低下头来向你请教经商之道。

2. 精打细算是商人的本性

商海瞬息万变，如果不精打细算，很可能会消失在复杂的市场环境中。一个商人在做生意之前，首先要计算好自己最后是否会稳赚，然后按照自己的判断坚持到底。越是能够将生意做大做持久的商人就越懂得精打细算，知道如何合理地用钱。所以，要想成为一个精明的商人，就必须在做生意之前，将金钱分配合理地安排好，把握好每桩生意的赔赚，只有这样才会加大生意成功的胜算。

但是，也有很多人认为商人赚的钱就是用来消费的，钱对他们来说根本不算什么，花多少都是不会心疼的，因为他们觉得花自己的钱天经地义，他们有资本。如果你也这么想，那就大错特错了。真正做大生意的商人，必定是精打细算的，这是真正商人的天性。成功的商人之所以能比普通的小商人创造出更多的财富，其原因之一就是他们懂得如何挣钱和花钱，比一般人更会算。

商人潘江涛就是这样一个会精打细算的人。2004年9月，一个朋友向还在读大学的他提出这样一个想法：发行一种学子卡——集会员服务与购物折扣于一体，在大学生中一定有赚头。大学生是一个庞大的购物群体，如果真有这种学子卡的话，肯定会大受欢迎。精于商业的潘江涛认为决不能错失这个绝佳的商机，于是当即敲定，采取行动。

说干就干，潘江涛在大学期间创办了全国第一个由在校大学生创办的公司品牌"学子"，主要顾客则以大学生为主。而且，他打出了"在每名温州大学生身上赚10元钱"的口号。潘江涛认为，温州大学生的数量是很惊人的，如果真能打开大学生的市场，那么学子卡的销量一定惊人。

由于自己还是学生，经济能力有限，他先向父亲打了张10万元的"借条"。10万元，这就是潘江涛成立公司的全部资金。可等到真正开始成立公司时，潘江涛发现区区的10万元根本不够用。单是学子卡的注册、装修、租金等就已经花去了8万多元，只剩下1万余元用于公司的运作，公司开始陷入资金短缺的困境之中。

即便如此，自信的潘江涛不停地告诉自己："虽然我一直在赔钱，扣除成本，卖卡的钱都不够公司开销，但我相信这个生意里面蕴藏着巨大的商机，我的目标是在5年里赚回一个亿！"众人不解为何在如此艰难的情况下，他还表现得如此淡然。

后来在一次采访中，潘江涛解释道，其实他心里已经算好了一笔定能盈利的账。虽然，在公司经营初期，他一直面临赔钱的状况，可是学子卡的销量却一直上升着。如此一来，公司的资金也在不断上涨，坚持下去不仅会弥补公司账目上的短缺，还会大赚一笔。而事实也证明潘江涛的坚持是正确的。经过一年多的运营，"学子"的加盟商到2005年12月已达到1000多家，而且"学子"在大学生中的名气越来越大，吸引了越来越多的大学生。潘江涛凭借着"学子卡"的好销量成了一个大富翁。

潘江涛之所以会成功，在于他把握好了生意的赔赚，做对了这道商业算术题。即便在公司最艰难的时候，他依旧精打细算，算好公司盈利的账。其实，如果不是他对金钱进出有准确的估计，那他也就没有胆量再继续坚持下来。这是一种对金钱的理性打算，即使遭受赔本的危机，但只要商人在心中打好了稳赚的小算盘，那么最后一定会是大赢家。

自古有云，大富在天，小富由俭。致富之道不可一蹴而就，需要在一点一滴中完成最原始的资金积累。所以，商人不要妄想可以一夜暴富，要学会精打细算，积微成著，积金成斗，这样才能赢得最后的胜利。

3. 坎特定律：当众拥抱你的敌人

商场如战场，在你的身边可能有无数个潜在的对手。商场中没有敌人只有对手，不能把同行业竞争者当成敌人，因为多一个朋友多一条路，多一个敌人多一堵墙。朋友和敌人的界限从来都不是绝对的。只要有共同的利益，共同的目标就有可能结为朋友，创造出更多的物质财富和更多的机会。

哈佛商学院教授罗莎贝斯·莫斯·坎特说："把你的竞争对手视为游戏的双方而非敌人，将会更有益。"比如，在商业关系中，想赢得更多合作伙伴，把生意做大，你必须老实做人，善于在合作中吃亏。说来也奇怪，人越老实，客户越喜欢跟你做生意。在小的地方吃亏，才能在大的地方获利。把敌人当作朋友，而不是置之死地而后快的对象。

谁都不能否认一个事实，很多创业者正在经历着种种苦难，遭受着种种挫折和打击，这的确是公司的不幸。可是，人们也惊奇地发现，无数杰出的人物都是从别人的"围追堵截"中走出来的，正是这种人为的困难成就了他们，这些苦难对于他们来说，是上天的一种恩赐。

所以，对于那些对你"围追堵截"的人，要抱着一种感谢的心态，要主动适用，主动突围，而绝不能报复。

"北大踹了我一脚，当时我充满了怨恨，现在充满了感激。"俞敏洪说，"如果一直混下去，现在我可能是北大英语系的一个副教授。"

1985 年，俞敏洪北大毕业后留校任教，后来由于在外做培训惹怒了学校，当时北大给了他个处分。他觉得待下去没有意思，只好选择了离开，那是 1991 年，他即将迈向人生的而立之年，离开北大成了他人生的分水岭。无论怎样，离开北大对俞敏洪来说都是一次挫折，但是，他没有因此而倒垮、消沉，而是怀着一颗宽容自信的心，正确地看待生活给予他的这一切。

是什么锤炼出人类最深邃和最高尚的思想呢？不是人类的学识，不是商业行为，更不是感情的冲动，而是苦难，是磨难。俞敏洪的成功，源于很多因素，包括他对商机的把握，他天才的设计能力，但其中还包括他对他的敌人所采取的态度。他勇于占到敌人的身边去，把敌人变成自己的朋友，实现双赢。而非一定要不屈不挠，咬紧牙关，迎难而上，绝不退缩。

商场的残酷让人不寒而栗，面对强手如云、变幻莫测的商海，要善于将敌人转变为朋友，化敌为友。许多人认为，那些功成名就的大老板最厉害的地方就是拥有万贯家财，其实不然，他们真正厉害的地方在于拥有强大的人脉资源，并为自己所用。在险恶的商场上，让每一个有过一面之交的人都成为自己的朋友，创造只有对手没有敌人的生意场，才是真正的胜利。

李嘉诚认为，"与人为善，共享利益"是生意场上交朋友的前提，以诚实和信誉广结善缘，重视人缘，发展和他人之间的关系，正所谓"一个篱笆三个桩，一个好汉三个帮"，大家都有利可图，皆大欢喜。

早年，李嘉诚率领企业在香港大展拳脚，也因此影响了一些利益集团，但每次都没有发生冲突，各个利益集团都是和气相待，实现共赢。这一局面的出现得益于李嘉诚为人处世的智慧。他说"要想让别人和你合作，就要照顾到对方的利益，这样才能长久。即使双方之间存在竞争，也不能忘记对方的利益"。

做生意要敢于竞争，但同时要控制好竞争的节奏，绝对不能和对方反目成仇。竞争兼合作，才能发家致富。做生意是为了求利益，而不是为了斗争，同行之间有竞争是正常的，但切记要给对方留一条后路。在自己赚钱的同时若挡住了别人的路，将会招敌无数，终是要切断自己的后路的。所以，竞争中也要求和，做到利益均沾。

成功商人的竞争哲学是，宁失利益，不失关系。哪怕这个关系仅仅是维持和平共处的关系，因为钱失去再多也能挣回来，而一个关系一旦缺失就很难弥补，这样一个破裂、结怨的关系就如同一把宝剑悬在头顶，其不经意地一击就可能把你所拥有的一切都断送掉。

那么怎样对待那些故意让你为难的人也包括你的仇人呢？应做好以下几点：

（1）以德报怨，化敌为友

以德报怨，并不是说可以任人欺哄，任人宰割，高明的做法是，智谋与道义两全，巧妙地征服对你使手段的人，既让他们对你心悦诚服，又保证自己的利益不受损害。

以德报怨，化敌为友是避免受到别人伤害所能采用的上策。这样，你就很容易把对手变成朋友。因为以恨对恨，恨永远存在；以爱对恨，恨自然消失。因而，在经商中做到不计较吃亏，甚至是主动吃亏，在得失上装一时的糊涂往往能得到长久的收益。

（2）敞开胸怀成大事

即使再温文尔雅、和善待人的人，也会因为自己的好人缘于无形间树立起妒忌成疾的敌人。所以，出现了敌人并不可怕，重要的是能像佛祖普渡众生般化敌为友，壮大自己的力量。我们可以像比尔·盖茨一样在敌人危难时雪中送炭，也可以与潜在的敌人及时建立良好关系，避免日后的麻烦。

（3）感谢磨难和挫折

生活，如果只有晴空丽日而没有阴雨笼罩，如果只有幸福而没有悲哀，如果只有欢乐而没有痛苦，那么，这样的生活根本就不是生活——至少不是人的生活。欣然拥抱磨难，而不是设法逃避。你也应该如此，让自己在其中学习、成长及成功。

（4）培养辨证的处世哲学

"苦"与"甜"是事物的两面，吃苦的时候会促进我们思考，对身边的环境进行深刻把握、对人生逆境进行反思，而后采取行动改变现状，自然会收获甜蜜的结果。意识到这一点，我们就能在苦难中奋发有为，开创个人发展的新篇章。

4. 做老板就不能太善良

古人说过"无毒不丈夫"，话虽残酷，却是真理。尤其在弱肉强食的商场，只有果敢冷静，甚至有时候需要冷漠，才能达到自己的目标。所以，在经商的路上不要总是怀揣妇人之心，必要的时候是需要"翻脸"的。俗话说，慈不掌兵，义不经商。做老板不能太善良。不是说善良不好，而是因为善良者往往软弱，软弱则可欺，这就无法撑起场面，无法在商场打开局面。硬起心肠、拉下脸面、出手要狠，这样的老板才能撑起一个公司的天地。

生活中总听见有人针对一件事这样说：这样做是妇人之仁，是会留后患的。其实很多时候还真是不能心慈手软，尤其在商场上，一时的心软反而会置自己于不利境地。在许多人眼里，老板都是抠门、刻薄、硬心肠的人，他们似乎很难和"好人"挂钩，永远扮演着"坏人"的角色。殊不知，这正是他们能够发财的秘诀。

经商和生活不一样，生活中需要感情，可是商场是弱肉强食的战场，"世界上只有永恒的利益，没有永恒的朋友"这句话说起来冷酷，但是在大多数时候，它却是真理。既公正，又坚决，不给人留下口实，也不给人留下幻想，不管是谁，必须服从，这就是老板的英雄本色。

其实，不是说善良不好，而是很多成功商人的例子告诉我们，在商场中，能够让自己的心肠硬一些，思维变果断一些，这是成功所需要的，因为这样就会在激烈的竞争中不被妇人之仁所困扰，商场如战场。做企业的人，应该时刻铭记在心，不能因为一时手软断了自己的路。不做妇人，不要心慈手软，否则最终害的是自己。

武东福，是湖南衡东现代节能工程有限公司董事长。20世纪80年代初，国家花费大量人力物力研究乳化炸药承载体，也为此请了国内外的许多专家能人，可是最终也没有成功。后来，却让一个只有小学文化水平的武东福把东西搞成了。

一下子他的声名大噪，各大媒体争相采访，连中央电视台都做了专题报道。借着技术上的关系，武东福顺势成立了自己的节能工程公司。趁热打铁，公司很快搞得红红火火。武东福成为了"湖南省第一个百万富翁"，一时间他的名字印在了各大杂志报纸的头版。

武东福是一个讲义气的人，自己成功了，绝对不能亏待了手底下这些兄弟。于是他在自己的节能公司底下成立了十几个分公司，好兄弟一人一个。并且不需要上交利润，只是象征性地收一些管理费之类的。然后就任由兄弟们去赚钱。可是他手下的这些"好兄弟"用着他的品牌，花着他的钱，开始还假装按时交一些管理费，但是管理费很快就变成了打白条，以各种借口抵赖。再到后来这些"好兄弟"还要求武东福担保贷款，每一次他都是有求必应。

其实，武东福的"好兄弟"们认准了他讲义气这一条，并且吃定了他这样的特点。办企业十几年，武东福不但没有从他的"好兄弟"那里得到什么好处，反而为他们背上了一身债务。可是他依然没有说什么。为了照顾和自己打拼多年的弟兄们，武东福办公司这些年从来没有向外面招聘过一个高级管理人员和大学生。

可时间一长，武东福的公司就陷入了亏损境地，不是不挣钱，是禁不住他这些兄弟的破坏。公司很快由红火而至平淡，由平淡而至落寞，可是武东福自己居然一点都没有意识到。2000年8月，武东福因为一张别人拿来抵债的价值两千多万元的虎皮而被逮捕。在牢里坐了四个月的他出来后，发现自己昔日的那些兄弟早就离他远去，十几家分公司里只有两家的兄弟还在坚定地等着他，要和他一起东山再起。

武东福，是一个聪明的商人，也是一个白手起家创业的典范，可是他最大的弱点就是太心慈手软。像武东福这种人，说到做人是个绝对的好人，可是如果要做企业，这样的妇人之仁，一定会失败。我们不能因为妇人之仁就丢了大局。这样没有任何益处，只能带来无尽的悔恨和无法挽回的错误。

商业竞争说到底其实就是一种狼性竞争。弱肉强食，适者生存，在与商业对手的惨烈竞争中，毫不留情地对对手予以打击，会使人感到了比严冬还要冷的寒意。但人在商场，身不由己，对对手的一丝一毫的仁慈，就意味着对自己的严重伤害。所以每一个商场人士都一定要练就一副铁石心肠，在该出手时坚决出击，把对手坚决摧毁，为自己夺取绝对的优势地位。

老板，必须对员工狠一点，对大家严明纪律、严格要求、严肃检查，对犯错、不达标的人绝不心慈手软，才能有效驱动人们做事，达到既定目标。过于强调奖励而忽略了惩罚，过于强调人性化管理而不重视制度建设，必然让公司寸步难行。

商业竞争，残酷异常，不用自己的优势压倒对方，你就很难在市场中占据优势，因此老板一定要能狠下心，敢于竞争，毫不手软为自己占领更为广阔的市场。要知道，老板要善于当恶人，才能在大恶之后达到大善，吸引更多追随者。心慈面软的人当不了老板，撑不开场面，也发不了大财，只能永远做穷人。作为商人，必须像狼一样凶狠、残忍，把竞争对手当作誓不两立的敌人，时刻想着把对方消灭，把对方吞并。如果一味地心慈手软，那么必定会贻误大好战机，致使对手羽翼丰满，构成自己前进路上的强大威胁。

5. "让生意跑来找你"才是真本事

商人之间的合作好比婚姻，在激烈的竞争中，通过强强联合，实现共同繁荣，是把生意做大做强的绝佳武器。好的合作可以使事业飞黄腾达，在经营当中拥有好人缘，充分考虑对方的利益，名声传出去了，也就有更多的生意主动找上门了。有了这样的"好人缘"，顾客的忠诚度就会大大增加，而他们的口口相传也会继续扩大企业的影响力，成为最有利的宣传武器和竞争实力，"好人缘"自然而然地就变成企业的"广财源"了。

让生意跑来找你是个本事，如何让生意来找你呢？首先在商业经营中需要注重和对方的合作，给对方多一些好处，才能结交更多的合作伙伴，创造出只有对手没有敌人的有利局面。世界上没有永恒的敌人，在生意场中，要广结善缘，善待他人。结交大量的朋友，靠朋友做生意，定会事半功倍，实现共赢。

刚开始做生意的时候，庄荣灿可谓是摸着石头过河，一直在摸索适合自己的理念。因为自己的父亲庄世趾是潮汕教育界知名人士，从小便耳濡目染父亲的教育理念，在父亲的熏陶下，他将自己的事业放在和教育同等的高度。抗战胜利后，庄荣灿毅然奔赴泰国开创事业，头几年在泰国各地的学校任教，桃李成荫。后来开始涉足成衣业，虽然是白手起家，但通过他的广施善行的义举成就了自己的事业，十几年后，又开始投资塑胶行业，并创办了新金岛塑胶厂。

多年来，庄荣灿做生意一直秉承着"取之于民，用之于民"的理念，时常帮助贫困教师和失学儿童，并组织发起了泰国华文教师工会。他的关系网涉足各个领域，不管是举办慈善篮球赛，资助艾滋病患者，建立助学基金，甚至连乡亲、同僚的婚丧嫁娶，他也会像一个普通的、亲切的长辈和朋友一样，亲自出席，甚至为了大家的事情而不辞跋涉，竞相奔走。这样的结果就是，这位大老板不仅走向了事业的高峰，更成了人们心中值得信任的伙伴，老百姓值得依靠的爱心商家。他将自己与商家伙伴以及与消费者之间的缘分修到了极致，"好人缘"终究成就了"多财源"。

而李嘉诚做生意一直坚持"利益均沾"的原则，在生意场上他的朋友多如繁星，就算只有一面之交的人也愿意和他称兄道弟。李嘉诚认为，商人要主动出击，寻求和他人之间的联合，而不是守株待兔，等着别人来找自己。合作是事业发展的基础，只有寻求合作才能使自己获得长久的发展，合作与共荣是相辅相成的关系，商人只有敢于和别人合作才能获得利益。

竞争中难免会出现矛盾，俗话说，同行是冤家，如何化解矛盾就需要商人自身的智慧了。面对竞争对手时，用宽容的姿态善待他人，在合作中握手言和，放下身段，给别人留下胸襟宽广的印象便能赢得更多的合作机会。

人脉就是财脉，好人缘能成就多财源这是商人都知道的真理，做生意首先就要把人做好，彼此关系融洽，没有摩擦隔阂，之后的事业才能一帆风顺，水到渠成。将利益与合作伙伴共同分享，就会赢来信赖，聚集人心，只有这样才能获得更多的合作伙伴，生意就会主动找上门。

第十六章 防人心计学：看清
身边谁是小人

　　俗话说"害人之心不可有，防人之心不可无"，面对无事献殷勤，挑拨离间等小人行径，你可要小心应对哦！人心很难揣摩，我们也不求能够揣摩得透。只要能够识得这种情况，并且做好应有的防范措施，那么，就是兵来侵水来淹，我们也都能够挡。即使是真的发生了糟糕的事情，只要平常具有防范措施，那么及时补救还是会很有效的。这里的退路全在自己的筹谋之间。多一点防人之心，才让自己更安全。

1. 不要忽视小人物：学会与小人物打交道

　　在每个人的一生当中，都会接触到各种各样的人物，有达官显贵，也有平民百姓。这些人在各自的行业里也往往都有一定的地位和不可被取代的作用。结交大人物能够促进我们的成长和成功，但是小人物的作用也绝不能忽略。他们很有可能在某些时候改变甚至决定着我们的命运。

　　俗话说，宁得罪君子，不得罪小人。2000 年前的孔夫子就抱怨，小人难缠。在做人处世中，谁都不愿意与小人打交道，可不管你愿意也好，不愿意也罢，都不可避免地会碰到小人，所以以在与小人打交道时，千万要小心，因为小人轻易得罪不起，得罪了小人，他就会使伎俩陷害你。

　　春秋时期，宋国和郑国爆发了军事冲突。当时宋军的主帅华元宰杀牛羊犒赏三军，结果分肉时忘了替自己驾驭战车的羊斟。羊斟见到这种情形非常生气，因此对华元怀恨在心，而华元对此却没有察觉。后来两军交战，羊斟把华元的战车驾到郑军阵地里，结果华元成了俘虏。

在这里，羊斟因为没有分到肉而对上司怀恨在心，竟然把军队统帅置于死地，显示了一个小人狭窄的心胸。而华元不明不白地被俘虏，也是被冤屈。由此看来，一个人要具备以德报怨的心态，减少与他人发生矛盾的可能性，为自己营造一个良性的发展空间。另一方面，除了退让之外，必要的时候也要主动出击，迎接小人的挑衅，狠狠打击对方的嚣张气焰。

小人，是生活中常见的一种人群。他们通常做事不太厚道，有时甚至为了达到目的而不择手段。其实小人并不像我们想象的那样无才无德，相反，小人和君子一样，都是"德才兼备"之人。所不同的是，小人"才"比"德"多，君子"德"比"才"多。正所谓"君子坦荡荡，小人长戚戚"。很多人对"小人"这个概念并没有引起足够的重视，甚至不以为然。其实"小人"虽"小"，危害却大。

每个地方都有小人，通常，小人做人处事不太厚道，常以不良手段达成目的。与小人相处，稍不谨慎，会吃大亏；学会分辨小人，非常重要。世界上最难的事情是与人打交道。尤其是和小人打交道，更是一种智慧。

现实社会复杂多变，交往的人也形形色色、贤愚不等。有些人品德不好、阴险刁诈，带来种种麻烦。显然，面对人情多变、人心难测的现实，如果只讲待人浑厚包容，就会吃亏上当。因此，学会与那些小人打交道，是很有必要的。

古语有云："水能载舟，亦能覆舟。"任何人都不能够孤立地存在于世，个人的兴衰荣辱都与身边接触到的人有关。小人物能在合适的时机做好事，也能在不合适的时机做坏事。所以，要善待"小人物"。人际交往中，真正聪明的人眼光长远，从不会轻视低微的小人物，而是主动与他们结交。

要做到正确地对待小人物，应该做好以下几点：

（1）对待小人物要像对待大人物一样

无论是对待大人物还是小人物，都要求平等的尊重，不能依据对方的学历资历来调整态度，语气不能依据对方的职称职位来调整轻重，表情不能依据对方的外貌收入来调整冷热。

（2）说话谨慎，客套寒暄即可

如果你批评或谈别人隐私，绝对会变成他们兴风作浪的把柄，或是作为日后报复你的筹码；如果他们批评或谈别人隐私，你要立刻中止，一句都不要听，因为无论如何，他们绝对会嫁祸给你，尤其是他们拨电话寒暄聊天，常常顺便帮你录音喔！你不要怀疑他们这样快乐吗？干吗那么累？这就是小人心态！

（3）减少和别人的利益瓜葛，不要结恩怨

现实生活中，你即使"身正"，小人都能把你的"影子"弄斜，万一你与他人真的发生了恩怨纠葛，那不正好"自投罗网"中了小人的圈套吗，他肯定伺机大做文章，搞得你心神不宁，本来不大的矛盾，被他这么一搞也变得错综复杂，难以化解。

（4）防备过河拆桥的人

有些人从来不懂什么情义，用人求人时，卑躬屈膝；无求于人时，撞个满怀眼皮也不抬一下，甚至过河拆桥，忘恩负义。与人交往的时候，对这些人要严加防范。

2. 重用之人，不可至信

我们小时候都听过农夫与蛇的故事，讲的是一个农夫在寒冷的冬天看见一条冬眠的蛇，误以为它冻僵了，于是好心把它放进怀里，用温热的身体使其苏醒。但醒过来的蛇却用尖利的毒牙咬了农夫一口，使得农夫受到致命的创伤，不久就辞世了。通过这个故事我们不禁思考，出门在外，行走江湖遇到各种各样的人，凡事要多长个心眼，绝对不能轻易相信别人，否则像农夫一样，好心没好报，还被反咬一口，葬送了性命。

人生要度过一个艰难漫长的岁月，这是考验人们的一个历程，在这个过程中我们要不断地提升自己，锻炼自己。当我们具有足够的阅历和智慧时，就会发现我们的双眼被环境所支配，但我们的心眼却能左右环境。所以，有的人虽然穷困潦倒，但却自得其乐；有的人生活富足却郁郁不乐；有的人身残志坚，奥运会上勇夺金牌，闻名世界；有的人身体健全却浑浑噩噩，这一切都是因为心眼所见的不同导致的结果。

为人处世多个心眼绝对不是坏事，不能轻信他人也是一句箴言。做人做事要善于灵活运用自己的心眼，做事才有主见，才不会被人利用，被人欺骗。人们欣赏莲花的高洁，却未曾想到它是来自"多心眼"的藕，没有藕的心眼，也就没有莲花的高洁。做人也是如此，多一个心眼，才能懂得变通之道，也才能获得成功。多一个心眼，不轻易相信别人，像莲花一样，做到出淤泥而不染，美丽高洁。

我们不用有色的眼镜看世界，不把人性想得太过恶劣，毕竟救死扶伤无私奉献的例子还是时有发生的。但是，也不必用过于单纯的心态对待周围的事物。古语云"害人之心不可有，防人之心不可无"，人性社会总是复杂的，时刻保持一个谨慎的态度去待人处事，虽不能占到便宜，但也不至于吃了大亏。

一个朋友周末去逛街，她其实是个很聪明的人，但那一次，她也被骗了。买了大包小包的衣服鞋子，心里既高兴又有些疲惫。正当她走到商场门口的时候，一个女人忽然出现在她的面前，面色焦急地对她说："打扰一下，我的肚子突然很痛，必须马上去厕所，我先生说他一会儿来接我，但是我手机没电了，他联系不上我，我怕他着急，你能不能帮忙在这里等一下，告诉我先生一声，顺便帮我把东西放到车上。"

当时，朋友本来并不愿意帮助女人，但看她面色慌忙憔悴的样子，以为她肚子真的很痛，于是犹豫地点点头答应了。女人把东西交给朋友便匆匆忙忙地走了。朋友拎着东西，正要走出门，却被保安给拦下了，保安说她手里拎的东西没有付钱。朋友愣了，自己明明是刷了卡才出来的。转念一想，不好，自己被骗了。

果然，打开女人给她的包后里面都是名贵的奢侈品，而且经服务人员证实，这些奢侈品真的没有付钱。朋友向马路上望去，女人始终没有出现，这才真正地意识到自己被骗了。

朋友一五一十地将自己的经历告诉了保安，好在商场门口有监控摄像头，拍到那个女人的面容，保安说那个女人已经在本商场偷盗过多次，每次运用的手法都不一样，这次竟然让别人代替自己运走赃物，真是可耻。

　　于是事情解释清楚之后，朋友并没有受到商场的责罚，安全地到了家。但是她也因此深刻地理解了"防人之心不可无"这句话。以后，再出门她总是小心翼翼，遇到陌生人问路也是再三思考观察之后才决定要不要帮忙。

　　正因为人的复杂性，所以不能放松对他人的警惕性，既不能时刻在心里想着占别人便宜害别人，也不能对他人过于放心。所谓"一颗红心，两手准备"，若想安稳地度过一生，切记的一点就是"害人之心不可有，防人之心不可无"。其实，案例中的朋友本身并不是没有警惕意识，而是在看到"肚子痛"的女人之后产生了怜悯之心，在犹豫不决中上了那个女人的圈套。而那个女人也正是利用朋友的"同情弱者"的思想，把她的警惕盔甲打破，让她顺利地走入了自己的圈套。

　　生活中最大的忌讳就是你最信任的人出卖你。翻开历史的画卷，有多少英雄人物竟折在身边宵小之辈上。崇祯皇帝信佞臣，杀袁承焕，最后导致清兵入关，自缢在千年古松之下。更有春秋时，功高一时的吴王夫差灭了越国，后轻信吴太宰伯嚭，成为亡国之君。就连足智多谋的诸葛孔明不是也轻信了马谡，而失了街亭吗？

　　诚然，信任他人是我们做人的美德，但我们应为自己留有退路，不能让对手找到置你于死地的方法。所以，重用之人，不可至信。至信他人，不能全方位思考是十分致命的，它不仅影响我们思维的判断，而且会带来不可估量的后果。

　　做人要有心眼不是有坏心眼，不是为了达到某种目的而不择手段，也不是为了功成名就而陷害他人，在背后使阴招，耍手段。做人有心眼，是要讲做人的规则，谙熟与人相处之道。社会是人际关系编织的网络，任何一个人都不可能孤立地生存，为了在社会上立足，我们就必须与人打交道，与人和平相处便能让自己在社会上顺利地生存。这就需要人们一定要会做人做事，做好人就必须要有心眼。

　　人生，就像一场战争，若想在这场战争中求得生存赢得胜利，必须时刻具备警惕意识，凡事多思考，多长几个心眼，才能避免一些不必要的伤害。只有这样，才能更好地编织自己的人际关系网，获得更加宽广的未来。

3. 看清"利"中的"钩子"

孙子兵法有云：知己知彼，方能百战不殆。两军对垒，首先要做的不是扛着兵器上前线，而是要先摸清对方底细，只有明确了敌军的战略部署，才好"对症下药"并攻其不备。打仗是如此，人与人打交道也是如此。盲目的沟通往往是无效的，甚至会起到反作用，要想在社交场合如鱼得水、进退自如，就必须在沟通前先摸清对方的脾气秉性、习惯喜好等，只有这样，才好"到什么山唱什么歌"，从而有针对性地采取不同的应对方式。

有时候，遇到难题，一筹莫展，不妨试着摸清对方的底细，寻找对方的致命弱点。事实上，我们在和别人打交道时，要详细了解对方的情况，如对方的兴趣、爱好、长处、弱点、情绪、思想观念等这些都是需要注意的内容，而且身份与性格是很重要的情报，需要引起高度重视。

不要相信这个世界上有"成功的捷径"和"免费的午餐"。急功近利很容易"误入歧途"，陷入"利"的陷阱，脚踏实地，按部就班才能获得踏实的未来。无法看清身边的环境，不能了解他人的诉求，往往将自己置于万劫不复的境地。不要责怪这个世界太复杂，而是你太单纯、率真，以耿直的个性适应复杂多变的社会环境，终究是要吃亏的。多一些心计，才会掌控局势，顺利达成目标。

人生在世，无非两件事，一个是做事，一个是做人。但若想学做事先要学做人。做人是什么？就是要学会多个"心眼"，不要"死心眼"，也不要"缺心眼"。那些上当受骗的人都是"不懂"自己的人，明明自己没有那么优秀，那么有实力，却听信了别人的奉承，心里一激动，以骄傲自大，就迈进了别人为你"量身定做"的陷阱。任何人都是有弱点的，只要明确对方的利益诉求，摸准对方的脾气，拿捏好分寸，就可以在某一时刻势如破竹，成功地达到目标。

李伟可以算得上是品学兼优的好学生，学习成绩优异，至大二结束两次获得奖学金，在社团活动中也是积极进取。今年大三的他决定走出学校，去社会中勤工俭学，丰富自己的实践经验。一番寻找之后，他在市里某个教育机构找到了一个家教的工作。

作为一个家教，李伟可算的上兢兢业业，每天上网去图书馆查阅各种资料，精心备课，整理教案，只为给学生呈现一节精彩有趣的课程。一个月的课程终于结束了，作为报酬，该教育机构给了李伟 500 块钱，李伟拿到钱后很高兴，毕竟是自己大学期间的第一桶金，又是经过自己辛苦努力得来的，于是，他看也没看说了谢谢就离开了。

在回学校的路上，李伟心里想着要用这第一桶金为舍友买一些礼物，和大家一起分享自己劳动的成果。辗转之中，李伟走到一家大型超市，买了很多进口水果和零食。当他到出口结账的时候，收银员却告诉他那是假币。李伟一下子愣住了，心里就像打翻了五味瓶，既生气又自责。生气的是教育机构竟然用假钱来糊弄自己，自责的是自己竟然没有看一下钱的真假就回来了，实在不应该。当然更多的还是伤心，自己努力辛苦一个月的成果，就这样付之东流了。

无奈之下，李伟用自己的钱付了那些水果的账。并回宿舍把这件事告诉了自己的舍友，舍友也是既生气又惋惜。李伟并没有把那五张假币扔掉，而是保存了起来，作为警戒，时刻提醒自己做人处世要"多个心眼"，不能太单纯地一味相信别人。

当今世界，人心险恶，为人处世一定要多留个心眼，更要管好自己，不要多管闲事，也不要误入他人陷阱。无论何时，无论何地，行动前多思考一秒，总是对你有益无害的。尤其是初入社会的年轻人，心高气盛，又被车贷房贷的压力所困，所以格外地渴望成功。然而追求成功没有错，却要以理智的眼光看待这个过程。因为很多丰厚的利润，其实是一个陷阱，里面暗藏着不为人知的"钩子"。从长远看，切忌急功近利，看清"利"中的"钩子"，按部就班，才能求得真正的成功。

很多人之所以看不到利益背后的钩子，是因为还不够成熟。若想在纷繁复杂的社会中立于不败之地，就要学会在复杂多变的环境中保护自己，在人际交往中多个"心眼"，少些"棱角"，学会"外圆内方"必能在复杂的社会中应付自如，左右逢源。

4. 莫被"好人"的面具蒙蔽

正所谓"画虎画皮难画骨，知人知面不知心"，我们认识一个人很容易，了解一个人的内心却很难。与人交往，对方很有可能在戴着伪善的面具，向你扮演着好人的角色。往往撕下这层面具后，他内心的险恶就会展露无遗。

这样的"好人"，好的时候有可能和你在一起逛街吃饭、一起谈天说地，不好的时候便背着你说难听的话形容着你。这样的"好人"，在你面前时，总是一副老好人的面孔，然而，到了背后，便开始了他的算计、开始变得凉薄。正是如此，我们与人交往才要注意莫被"好人"的面具蒙蔽，因为这些人是一群"披着羊皮的狼"。

王明在一所著名大学就读计算机专业，毕业后，由于自身精湛的技术被某公司总裁李总看重，被其以月薪8000元请到了公司，李总安排他到了张亮所管理的部门。

王明来到公司后，表现十分优秀，工作第一个月便为公司设计了一个别具一格的网站，其他同事均对他赞不绝口。然而，在发第一个月的工资时，王明感到十分惊讶和不解，他得到的工资只有5000元，并不是当初李总承诺的8000元。于是，他便找到公司的财务部，财务部门的办事人员说这是上面领导的意思。王明便又去找张亮了解情况，张亮边安慰边对他说道："对于你没有拿到相应的工资，我深表同情。但是，李总没有和你讲公司有试用期吗？虽然我个人认为对于你这样技术纯熟的人来说，员工工资的分发有些不合理，但是这是公司的规定，我也无权为你更改。"王明听后感到十分气愤，于是他直接辞职，决心再也不来此公司工作。

事后，张亮向李总汇报，说："王明在上班之前，我特意告诉他我们公司有试用期的制度，但是一个月后，他反而怪我们，他不能接受自己只拿试用期的工资，他认为5000元给的太少了。对于他的辞职，我深表惋惜。"

李总听张亮汇报完，也深表惋惜。待张亮走后，李总对他身边的秘书说道："哎，本来想在王明试用期完后把他提升为张亮所在的职位呢，可惜了。"秘书不解，问道："那张亮也要被提升吗？""他降为副主管，因为我们公司一向靠能力吃饭！"李总说道。

回到自己办公室的张亮，给家人打了一个电话，他露出了胜利的笑容，说："我不会被降职了！因为对手已经被我赶走了。"

王明听信了张亮的话，被其所算计。他输在只看到了张亮对自己的安慰和关心，却没有了解他的真实内心，最终，被张亮"好人"的面具所蒙蔽。

世上的人形形色色，林子大了什么鸟都有。任何一种场合，难免会有小人，防人之心不可无。正如我们常常所说：不怕真小人，就怕伪君子。真正的小人，坏在了明处，而那些伪君子，他们坏在了暗处，经常在背后算计人。对待这种人，我们就应该多一些防备，我们应该居安思危，远离对方。

与人打交道，千万不要被对方"好人"的面具所蒙蔽。熟练掌握以下心理策略，相信你会有所收获：

（1）谨慎交朋友

并不是所有的人都是善良的，在你没有确切了解对方的时候，一定要慎重交友。小心对方在你面前善良无比，却在你背后插刀，令你无法应对。尤其是同事之间，在你背后向领导打小报告、拆你后台的人也是常有的。

（2）注意观察，争取做到防患于未然

当你与对方打交道时，多留意周围的人和事，因为周围的人可能对你的交往对象有一定的了解。路遥知马力，日久见人心，如果对方人缘不好，那么与其交往时，要做到有所防备，要防患于未然。

（3）小心对你过分热情的人

所谓"无事献殷勤，非奸即盗"。那些对你过分热情的人，或多或少会对你有所图。身边有这样的人，你一定要小心了，小心他们在你背后做文章，施阴手来损害你。因为这种人一心只为自己的利益，其他的对他们来说全都无所谓。

（4）管住自己的嘴

言多必失，要管住自己的嘴。凡事要经过深思熟虑，不是所有的话都可以对对方说的。例如，你向对方透露自己过于私密的事，小心他将你的秘密泄露出去，给你带来生活或工作上的困扰。所以，与人交往，一定要注意言多必失，要有防人之心。

"朋友，我当你一秒朋友，朋友，我当你一生朋友。"虽然歌里这样唱道，但是现实远不止如此，我们要学会谨慎，不仅要学会甄别朋友，更要学会在相处的过程中，分辨出来哪些是真正的朋友，哪些是为了利益疲于奔波，被利益蒙住双眼的小人。

"斯人若彩虹，遇上方知有。"另一方面，你的心灵是怎样的，看到的世界就是怎样的，保持一颗赤子之心，并且强大自我，既能不让自己受到伤害，又能收获到真正的朋友！

5. 提防那些无事献殷勤的人

无事献殷勤，非奸即盗。一个人不会无缘无故地对你冷漠，也不会无缘无故地对你好，都是因为某些原因，出于某种目的。要么是因为对你有好感，要么是因为觉得哪里需要你，总之就是想要从你身上得到些什么利益。

怎么算是无事献殷勤呢？顾名思义，就是说平常一个跟自己不太熟，或者说认识，但是也不经常跟自己说话的人，突然有一天对自己很热情，又是端茶又是倒水，甚至无缘无故说要请你吃饭，这就算是献殷勤。

献殷勤是假，有事相求才是献殷勤的原因。毕竟，谁也不会闲到没事干去讨好一个对自己没有用的人。也就是说，别人对你献殷勤，说明你有利可图，对人家有用，并不是你自己的魅力大到让人家白请你吃饭。

虽然这么说很难听，不容易让人接受，但是现实社会就是这样。大家有时候会发现一个不同一般的情况，越是熟悉的人，说话越是随意，吃饭的时候越是推脱买单，甚至经常找借口让对方请吃饭，当然，这些都是熟人。相反，越是不熟悉的人，越是客气，吃饭的时候会抢着买单，这样显得自己有教养。

那么，这时候就看出来人与人之间关系的远近了。如果是熟人，那么没必要献殷勤，有什么事情就直接说了，毕竟相互之间彼此非常熟悉，没有必要去客气，更不用说讨好之类的，需要帮忙都是一句话的事情。

但是如果是不熟悉的人，一般都会先去讨好，让别人获得一定的利益、好处，然后再拜托人家替自己办事情。当然，也不排除熟人之中会有那种献殷勤的人，但是一般不会。

进入社会之后就会发现，人与人之间的信任其实并不像想象中的那么牢靠，与其相信一个人的人品，不如提升自己的价值，让自己成为一个有用的人，只要自己还对别人有用，那么自己就还有存在的价值。

并没有人天生喜欢无事献殷勤，毕竟像哈巴狗一样去讨好别人，谁都不愿意。但是有什么事情都应该正大光明地说清楚，或者靠自己的能力去办到就可以了。无论有什么事情，只要说出来，就可以解决，就算对方不愿意帮助自己，至少也可以看清楚一个人。所以，首先自己不能做一个无事献殷勤的人。

无事献殷勤的人，有时候代表着一个人很有心计，深谙人际交往的道理，跟这样的人相处会很危险，很有压力，因为你不知道自己在他心里到底是一个朋友还只是一个被利用的对象。你会发现，他对每个人都很好，并不仅仅是对自己献殷勤，甚至每一个被献殷勤的人对他都有不同的用途。

对于这样的人，应该时刻小心，保持一颗平常心。别人不理睬自己的时候，能够做好自己手头的工作，不妄自菲薄，不羡慕嫉妒别人总是被讨好。当别人来讨好自己的时候，能够保持清醒，认清自己，不因为别人的三言两语就忘乎所以。

在保证自己能够客观冷静的同时，应该时刻努力提高自己，毕竟这是一个现实的社会，一个人如果什么都不会，没有一点价值，那么也就没有存在的价值，这个社会是不养闲人的。

提高了自己，才能成为一个有价值的人，才会对别人有用，对别人有用，才能保证自己的生存价值，就算不为别人来讨好自己，至少应该对得起自己每个月拿的工资，或者，至少应该对得起父母对自己的养育之恩。

无事献殷勤的人，是十分有心计有想法的人，如果自己不是那种特别圆滑的人，还是要敬而远之。